Collection dirigée par le professeur Roger Brunet,
assisté de Suzanne Agnely et Henri Serres-Cousiné.

beautés de la France

L'ILE-DE-FRANCE

Librairie Larousse
17, rue du Montparnasse, 75006 Paris.

Sommaire

Dans chaque chapitre figure une carte originale de Roger Brunet

Les numéros entre parenthèses renvoient aux folios placés en bas de page avec les titres abrégés des chapitres (1. Vieux quartiers de Paris — 2. Paris et ses églises — 3. Palais de la capitale — 4. Versailles — 5. Fontainebleau).

1. Le vieux Paris

rédigé par Pierre Macaigne

Les photographies sont signées :
pp. 1, 2 (bas, à gauche), 4-5 (haut), 8 (haut, à gauche), 17 (bas), P. Tétrel;
pp. 2 (haut, à gauche), 4-5 (bas), 6 (bas, à droite), 8 (à droite), 19 (haut), Mazin-Cedri;
pp. 2 (à droite), 3, 5, 6 (bas, à gauche), 7, 9, 10-11, 13 (haut), 13 (bas), 14-15 (bas), 16 (bas), Martin-Guillou-C.-D. Tétrel;
pp. 4 (haut, à gauche), 17 (haut), Jalain-Cedri;
pp. 4 (bas, à gauche), 6 (haut, à gauche), 12, M.-L. Haton;
p. 8 (bas, à gauche), Rives-Cedri;
p. 14 (haut), Berne-Fotogram;
p. 15 (haut), Doisneau-Rapho;
p. 16 (haut), De Andrade-Magnum;
p. 18 (haut), Barbey-Magnum;
pp. 18-19 (bas), Wilander.

2. Paris et ses églises

rédigé par Laurence Bonnet

Les photographies sont signées :
pp. 1, 4-5, 10-11, 13 (haut), R. Mazin-Cedri;
pp. 2-3, 8, 9, 14, 15 (haut et bas), 18 (haut), 19 (bas), P. Hinous-Top;
p. 2 (bas), Ciccione-Rapho;
pp. 6-7, Hidalgo-Top;
p. 7 (bas), Martin-Guillou-C. D. Tétrel;
p. 12, Travert-C.-D. Tétrel;
p. 13 (bas), Mainbourg-Rapho;
pp. 16 (bas), 17, J. Guillot-Top;
p. 16 (haut), Rémy;
p. 18 (bas), M. Guillard-Top;
p. 19 (haut), Plessy-Explorer.

Notre couverture
Versailles : le bassin d'Apollon
avec le char du dieu sortant de l'onde,
le Tapis vert bordé
de vases et de statues,
et la façade occidentale du château.
Phot. Gérard Sioën-Cedri.

Le reportage photographique a été réalisé par **Rosine Mazin-Cedri.**

Le reportage photographique a été réalisé par **Gérard Siöen-Cedri,** à l'exception des photos : p. 16 (bas), P. Tétrel; p. 18 (bas), Martin-Guillou-C.-D. Tétrel.

Les photographies sont signées :
pp. 1, 9 (bas), 10 (haut), 11, 17, 19 (bas, à droite), J. Mounicq-Fotogram;
pp. 2, 3 (bas), 4 (bas), 5 (haut), 5 (bas), 6, 7 (haut), Martin-Guillou-C.-D. Tétrel;
p. 3 (haut), Jacques Verroust;
p. 7 (bas), Le Révérend-Explorer;
pp. 8-9 (haut), 13 (bas), Marineau-Top;
pp. 8-9 (bas), G. Wilander;
p. 10 (bas), Pierre Tétrel;
pp. 12, 13 (haut), Niepce-Rapho;
pp. 14-15, Ruyant Production de Forceville;
p. 16, Lauros-Giraudon;
pp. 18, 19 (haut), Vu du ciel par Alain Perceval;
p. 19 (bas, à gauche), Marc Garanger.

Les lettres placées devant l'indication des pages renvoient aux chapitres suivants :

VQP (Le vieux Paris)
PAR (Paris et ses églises)
PC (Les palais de la capitale)
VERS (Versailles, palais du Roi-Soleil)
FR (Châteaux en forêt : de Fontainebleau à Rambouillet)

Les pages sont indiquées en **gras** lorsqu'il s'agit d'une illustration, en *italique* pour le renvoi à la carte.

Paris et l'Île-de-France

L'ILE-DE-FRANCE a enfin pris un joli nom. Bien sûr, les révolutionnaires de 89 s'en sont retournés dans leur tombe, et l'espace des anciens départements de Seine, Seine-et-Marne et Seine-et-Oise qui composent la région n'est pas le même que celui de l'ancienne province... mais, enfin, cela est mieux que « Région parisienne », et insiste un peu moins sur Paris qui, après tout, ne réunit pas le quart des habitants de la région.

Pourtant, Paris... Paris, bien sûr. Que serait l'Ile-de-France touristique sans Paris? À Paris même, ce livre consacre trois chapitres. Le premier voudrait vous entraîner tout de suite dans l'intimité de la ville, à la recherche de ses vieux villages, et de ceux de ses quartiers qui ont la personnalité la plus affirmée. Chercher les vieux villages d'une grande ville n'a rien d'un paradoxe, n'a rien d'une concession à quelque mode élégiaque et passéiste : Paris, en s'étendant, a absorbé tant d'anciens villages jadis indépendants que, çà et là, les rues s'étrécissent, sinuent, s'animent d'éventaires, convergent vers une petite place et une vieille église et qu'on ne sait plus bien si l'on n'est pas dans une petite ville de province.

Dans toute la partie centrale, qui correspond à peu près au Paris du XVIIIe siècle, chaque quartier a sa physionomie, sa spécialité : Paris n'a pas un « centre ville », mais des centres tout différents : celui de la politique et celui des grandes affaires, celui des magasins et ceux des spectacles, celui de la mode (vestimentaire) et ceux des modes (intellectuelles). Les gares, les anciennes portes et les vieux axes des « faubourgs » d'antan y créent des noyaux d'animation, tous différents. D'un quartier à l'autre l'aspect des rues change, dans leur longueur, leur animation, leurs devantures et même leurs types de maisons : la rue de Rivoli est tout autre chose que les Grands Boulevards, et le Marais ne ressemble pas au 7e arrondissement des ministères... Il faut savoir flâner et regarder dans les intervalles qui séparent les monuments, et qui en disent bien plus que ceux-ci sur Paris même !

N'empêche que, par l'accumulation des richesses, du pouvoir et des artistes qui vont avec, Paris a, il est vrai, un ensemble assez extraordinaire de monuments. Le premier d'entre eux est sans doute la Seine, dont les berges ne sont heureusement pas toutes devenues autoroutes. Dans beaucoup de villes, le fleuve met le centre urbain d'un côté, laissant l'autre à des faubourgs; cette dissymétrie est absente à Paris : la Seine est au cœur même de la vieille ville, et fait partie d'elle. Surtout, elle donne au centre de Paris non seulement une aération bien nécessaire et des perspectives de toute beauté, mais encore un certain sens des proportions et des dimensions humaines : elle est juste assez large, et point trop large; et les immeubles riverains sont à la bonne taille — du moins en amont du Trocadéro.

Bien campée au milieu du fleuve, Notre-Dame est un autre symbole, et fut jugée si représentative du centre que les grandes routes nationales furent supposées commencer là. Elle est aussi au centre de ce prodigieux ensemble de grandes nefs gothiques dont les autres vedettes sont Amiens, Chartres ou Reims. Elle est pourtant loin d'écraser vraiment la masse des autres églises parisiennes, où l'on trouve des représentantes de tous les styles, et quelques purs joyaux comme la Sainte-Chapelle.

Le troisième chapitre est voué aux palais de Paris et, dès lors, il annonce les deux suivants, qui vont de château en château. C'est que les rois et les « grands » de leurs cours ont eu le goût et les moyens de se loger somptueusement, tant dans un Paris déjà bien encombré dès le Moyen Âge que dans les forêts voisines pour la belle saison, et pour les plaisirs de la chasse. On a démoli, mais finalement assez peu : la tour de Nesle, les Tuileries, la Bastille, symboles d'iniquité...

À Paris même, les palais vont avec les grandes perspectives, et avec.les musées. Mais n'est-ce pas vrai aussi pour les palais des environs? La première couronne a pour diamant le gigantesque Versailles, pour perles Guermantes, Champs, Écouen et autres Saint-Germain, et pour fleurons des bois qui ont du mal à résister à la poussée de la ville, dont ils marquent encore assez souvent la limite. La deuxième couronne est plus lointaine : les forêts y sont plus étendues et s'accidentent, devenant en elles-mêmes des centres d'intérêt; cette couronne s'épanouit surtout au sud, de Rambouillet à Fontainebleau, où sont tant d'attraits, et tant de Parisiens le dimanche — mais Chantilly et Ermenonville, qui sont dans une autre région, leur répondent au nord.

Entre eux, il reste assez d'espaces non construits dans l'Ile-de-France pour apprécier encore la délicate beauté de ses paysages, que ce soit vers Moret sur le Loing ou vers Anet, du côté de Jouarre ou de Dampierre et du bout de la vallée de Chevreuse. On construit tous les jours de nouveaux ensembles; c'est avec un bonheur inégal; souhaitons que ce soit avec discrétion.

ROGER BRUNET

le vieux Paris

◄ *Au-dessus des parasols
de la place du Tertre,
une des blanches coupoles
du Sacré-Cœur.*

▲ *Dans le Marais,
rue François-Miron,
enseigne et colombage
évoquent le Moyen Age.*

*A deux pas des larges artères
où s'écoule le flot trépidant
de la civilisation,
certaines vieilles rues de Paris
composent de petits villages inattendus,
aux atmosphères très particulières.*

◄ *Populeuse et affairée,
la rue Mouffetard suit le tracé
d'une ancienne voie romaine.*

▲ *Restaurants et cinémas ont investi
les étroites maisons Louis XV
de la tortueuse rue de la Harpe.*

▲ *La rue escarpée
de la Montagne-Sainte-Geneviève
se faufile entre de vieux immeubles.*

Dans le quartier Montparnasse ▲
subsistent quelques hameaux
habités par des artistes,
tel celui de la villa Léone.

À l'ère des brasseries ▶
et du chauffage central,
le « bougnat », cafetier
et marchand de charbon,
se fait de plus en plus rare.

Les self-services ▶▶
n'ont encore pas détrôné
tous les petits restaurants
de la capitale.

Maint quartier de la capitale recèle un îlot de verdure,
un bistrot de campagne, une cour fleurie aux pavés disjoints,
souvenirs jalousement préservés d'un passé
où l'on prenait le temps de vivre.

▲ À deux pas du carrefour
de l'Odéon, une oasis de paix
au charme suranné :
la cour de Rohan.

▲ Depuis 1902, les locataires
des ateliers de la Ruche
se recrutent parmi les peintres,
les sculpteurs et les écrivains.

▲ Derrière l'Hôtel de Ville,
▲ l'église flamboyante
Saint-Gervais-
Saint-Protais,
dont Louis XIII
posa la première pierre.

▲ Ancienne abbatiale,
l'église Saint-Pierre
de Montmartre
possède
la plus vieille voûte
gothique de Paris.

*Une église
de village,
entourée
de son cimetière :
Saint-Germain-
de-Charonne,
rue de Bagnolet.*

◄ *Au flanc
de la colline de
Ménilmontant,
bien des
personnages
illustres
reposent
sous les
ombrages du
Père-Lachaise.*

*Surclassés par les orgueilleuses tours de béton
qui balafrent désormais le ciel de Paris,
les clochers des vieux quartiers se dressent
à peine au-dessus des toits,
mais sont souvent de grands témoins
de l'art religieux.*

▲ *Échauguettes et lucarnes gothiques :*
le très médiéval hôtel de Sens.

Quartier élégant au XVIIᵉ siècle,
rendez-vous de l'aristocratie
et de la grande bourgeoisie,
le Marais possède un ensemble unique
de luxueuses demeures
qui en fait un véritable musée
de l'architecture civile
à l'époque classique.

◄*Un festival artistique contribue*
à faire mieux connaître
le cadre prestigieux
des hôtels du Marais.

L'hôtel Carnavalet,
où vécut Mme de Sévigné,
est aujourd'hui
occupé par un musée.

▲ *Précédée de sphinges,*
enrichie de sculptures,
la façade sur cour
de l'hôtel Sully.

Des maisons à arcades, ▶
bien ordonnées, encadrent
le paisible jardinet
de la place des Vosges.

▲ *Péniches ventrues*
et pêcheurs à la ligne troublent
à peine les eaux tranquilles
du canal Saint-Martin.

*U*ne chanson des années 1930
célébrait Paris comme un village. C'est vrai que la capitale de la
France n'est pas uniquement la monstrueuse entité administrative qui
constitue, à elle seule, le département de la Seine (75). C'est aussi un
archipel de bourgades — quartiers ou simples rues — gravitant autour
des anciens centres d'activité.

Il y a 2 000 ans, la future métropole n'était qu'un village dans un
mouchoir de poche : une île et quelques îlots, émergeant d'un
méandre de la Seine et peuplés de nautoniers gaulois, les *Parisii*. En
52 av. J.-C., lors de la guerre des Gaules, les Romains comprennent
que ce point stratégique commande les communications vers le nord
et vers la basse Seine, et ils s'y installent, en le baptisant *Lutetia*, dont
nous avons fait Lutèce.

Une ville neuve ne tarde pas à déborder cette première enclave. La
rive droite, inondée à chaque crue, n'étant qu'un marais couvert de
roseaux, l'agglomération se développe vers le sud, sur les flancs d'une
colline de la rive gauche (la future Montagne Sainte-Geneviève). Au
IIIe siècle, les envahisseurs germains dévastent la ville gallo-romaine.
Abandonnant les ruines de leurs thermes et de leurs arènes, les
habitants se replient alors dans leur île exiguë, qui devient Paris,
la «cité» des *Parisii*, et s'entoure de remparts édifiés avec les
décombres. C'est cette minuscule cité fortifiée que sainte Geneviève
défend, au Ve siècle, contre les Barbares.

Au Moyen Âge, après Laon et Soissons, Clovis fait de Paris la
capitale du royaume mérovingien, et les alentours de la Cité se
couvrent d'abbayes, sur la rive gauche comme sur la rive droite dont
les moines entreprennent l'assèchement et la mise en culture.
Abandonnée par les Carolingiens, qui lui préfèrent Aix-la-Chapelle,
c'est réduite à ses seules forces que la ville affronte les invasions
normandes du IXe siècle : une fois de plus, elle doit se replier à
l'intérieur de la Cité.

Naissance d'une métropole

Au Xe siècle, Paris prend enfin le grand départ. Ses comtes
deviennent rois de France (Capétiens) et font de la ville leur capitale.
Un vaste marché s'installe sur la rive droite, dans l'anse de Grève, où
les nautoniers amarrent leurs bateaux. Les couvents sont rebâtis,
d'autres se créent : on défriche, on construit...

C'est Philippe Auguste qui, à l'aube du XIIIe siècle, donne à Paris
son visage de «grande» ville. Renforcée par deux puissants donjons
— la tour de Nesle sur la rive gauche, le château fort du Louvre
sur la rive droite —, complétée par des chaînes tendues en travers du
fleuve, une enceinte fortifiée englobe pour la première fois les trois

quartiers de la capitale : la Cité royale dans l'île; l'Université, ses
collèges et ses couvents sur la rive gauche; et la ville marchande,
siège du pouvoir municipal, sur la rive droite. De cette ceinture, il
reste des tracés de rues, mais peu de vestiges : un mur couvert de
glycine dans la cour de Rohan, à deux pas du boulevard Saint-
Germain; un autre rue Clovis, près de l'école Polytechnique; un
troisième rue des Jardins-Saint-Paul, près de l'hôtel de Sens; et un
morceau de tour ronde, qui ressemble à la base d'une cheminée, dans
la cour du Crédit municipal, au no 55 de la rue des Francs-Bourgeois.

La Ville se développant rapidement — alors que la Cité ne peut
évidemment s'agrandir et que l'Université ne se modifie guère —,
Charles V, moins de 200 ans plus tard, fait élever, sur la rive droite,
une enceinte plus vaste, dont le tracé enserrera Paris durant deux
siècles. Ses murailles sont percées de 7 portes dont les noms nous
sont familiers, car, hameaux de banlieue devenus quartiers très
centraux, ils désignent également les rues qui y conduisent et les
«faubourgs» sur lesquels elles donnent : portes Saint-Antoine, du
Temple, Saint-Martin, Saint-Denis, Montmartre, Saint-Honoré et —
plus tard, devant la Seine — la porte Neuve. Il n'en demeure, hélas!
que le souvenir : les arcs de triomphe de la porte Saint-Martin et de la
porte Saint-Denis, par laquelle le roi entrait solennellement dans sa
capitale, ont été construits sous Louis XIV.

La quatrième enceinte de Paris — celle de Louis XIII — prolonge
vers l'ouest la précédente, de manière à y introduire les Tuileries et
une partie du faubourg Saint-Honoré. Il y a désormais 16 quartiers à
l'intérieur des murs.

En 1787, une autre «clôture» apparaît, bien différente. C'est le
«mur des Fermiers-Généraux». Cette fois, il ne s'agit plus de mettre
les Parisiens à l'abri des pillards, mais de les obliger à acquitter un
octroi sur toutes les marchandises pénétrant dans la capitale. Les
anciens faubourgs sont absorbés, et les limites de Paris sont
désormais celles de cette muraille de 3 m de haut, longue d'une
vingtaine de kilomètres. Certaines des «barrières» édifiées par
l'architecte Ledoux sont encore visibles le long des anciens boulevards extérieurs : pavillons carrés de l'avenue du Trône, à l'entrée de
la place de la Nation; pavillons à arcades de la place Denfert-Roche-
reau, devant le Lion de Belfort; rotonde à colonnes du pavillon de
Chartres, à la grille du parc Monceau; rotonde de La Villette, que l'on
aperçoit au métro Jaurès, derrière les fusains d'un square.

Au siècle dernier, Thiers dote Paris d'une ultime ceinture de
fortifications. Épaulée par 16 ouvrages avancés — les forts de la
banlieue parisienne —, elle s'élève à bonne distance de l'ancien mur
des Fermiers-Généraux, promis à la démolition, et devient, à dater du
1er janvier 1860, la limite officielle de la ville. Toute une grappe de
communes se trouve ainsi rattachée à la capitale : de Vaugirard à

Dans l'ancien « ventre » de Paris

Créées au XIIᵉ siècle, les Halles de Paris ont émigré à Rungis. La démolition des bâtiments métalliques de Baltard (XIXᵉ s.) a laissé un énorme trou, qui sera bientôt transformé en galeries marchandes et en jardins. On retrouvera alors des monuments un peu oubliés : l'admirable *église Saint-Eustache,* l'un des plus beaux édifices religieux de Paris; la *fontaine des Innocents,* dont les sculptures sont dues au ciseau de Jean Goujon, l'un des décorateurs du Louvre; et, un peu à l'écart, face au Louvre, l'église *Saint-Germain-l'Auxerrois,* ancienne paroisse des rois de France, qui réunit les styles roman, Renaissance et gothique. ■

▲ *Depuis un siècle, la vénérable église Saint-Germain-l'Auxerrois jouxte un beffroi néogothique et une mairie pseudo-Renaissance.*

Une des voies d'accès à la butte Montmartre, les escaliers abrupts
▼ *de la rue Saint-Éleuthère.*

Belleville, en passant par Auteuil, Passy, Les Batignolles, Montmartre, La Villette, Charonne et Bercy. Répartie en 20 arrondissements — les mêmes qu'aujourd'hui —, la population passe de 600 000 âmes à plus d'un million et demi. Au-delà se trouve le glacis de la zone *non aedificandi,* qu'on appela la « zone ».

Les Grands Boulevards

De la République à la Madeleine, de larges boulevards plantés d'arbres ont remplacé, sous Louis XIV, les remparts édifiés par Charles V et par Louis XIII. D'abord promenade à la lisière de la campagne, ces boulevards devinrent, à partir du Directoire, le rendez-vous de la vie mondaine, tandis que le boulevard du Temple, qui les prolonge vers l'est, accueillait les distractions plus populaires. C'était l'époque des grands cafés — Frascati, Café Riche, Tortoni, Café Anglais... —, où défilaient toutes les personnalités de la vie parisienne. Aujourd'hui plus démocratiques, les Grands Boulevards sont encore des artères très animées, bordées de cinémas, de théâtres, de brasseries et de magasins.

⟶

Cette enceinte fut démolie après la Première Guerre mondiale. Pendant des années, il en resta un anneau de terrains vagues assez mal famés, que les Parisiens baptisèrent «fortifs» et qui devint un but de promenade. Il n'en subsiste aujourd'hui que la route stratégique de 40 km qui desservait les bastions : c'est la couronne de boulevards dits «des Maréchaux» parce qu'ils portent les noms des gloires militaires de l'Empire. Sur la « zone », on construisit des H. L. M. et quelques stades, puis le «périphérique».

Tandis que Paris galopait ainsi à la recherche de ses limites, que devenaient les anciens villages absorbés? Devenu « quartier », chacun gardait son caractère. Pour le retrouver sous la carapace de pierre et de béton de la métropole, il faut s'y promener longuement. Nous commencerons par la rive droite.

L'enchantement de Montmartre

Au nord, Montmartre, avec sa fantaisiste «commune libre», son garde champêtre, sa vigne que l'on vendange en grande pompe le premier samedi d'octobre, son moulin à vent et ses ruelles coupées d'escaliers, est, de tous les anciens hameaux qui composent aujourd'hui l'agglomération parisienne, celui qui a le mieux porté au loin sa célébrité. «À Montmartre, il n'y a plus d'herbe, disait Pierre Mac Orlan, mais on espère toujours en rencontrer. »

D'où vient ce nom de Montmartre? «Mont des Martyrs» soutiennent les uns, parce que saint Denis et ses compagnons y furent décapités. «Mont de Mercure» prétendent les autres, en souvenir d'un temple païen édifié au sommet de la colline qui, avec ses 129 m d'altitude, est le «toit» de Paris.

Commune rurale, siège d'une puissante abbaye de bénédictines jusqu'à la Révolution, mont Marat sous celle-ci, Montmartre devint, au XIXᵉ siècle, le point de ralliement d'une certaine bohème. Aujourd'hui encore, habiter la «Butte», comme on dit, confère une sorte de label particulier : le «genre artiste». En fait, il y a deux Montmartre. Celui d'«en haut», légendaire avec les coupoles blanches du Sacré-Cœur et le décor d'opérette de la place du Tertre. Et celui d'«en bas», truffé de boîtes de strip-tease, mais tout aussi célèbre depuis que, place Pigalle,

Un p'tit jet d'eau,
Une station de métro
Entourée de bistrots...

ont fait rêver les touristes du monde entier.

Le Montmartre d'«en haut» fut longtemps un coin de campagne, avec des sources, des vignes, des lilas sauvages et des cabarets sous

Le boulevard Saint-Martin, avec ses trottoirs vallonnés et sa chaussée en contrebas, mène de la place de la République aux deux arcs de triomphe élevés par les Parisiens à la gloire de Louis XIV : la porte Saint-Martin, moins haute, moins décorée que la porte Saint-Denis, qui sépare le boulevard Saint-Denis du boulevard de Bonne-Nouvelle. Au n° 23 du boulevard Poissonnière subsiste la colonnade d'un hôtel particulier du XVIIIe siècle. Dans le boulevard Montmartre se trouvent le passage des Panoramas, la plus ancienne des galeries marchandes qui connurent une grande vogue jusqu'à la Première Guerre mondiale, et le célèbre musée Grévin, où les effigies en cire des grands personnages de l'histoire côtoient celles des vedettes de l'actualité.

▲ *La porte Saint-Denis, arc de triomphe dressé par la Ville de Paris à la gloire du Roi-Soleil.*

Le boulevard des Italiens, centre des élégances sous la Restauration, doit son nom à l'ancien théâtre des Italiens, qu'a remplacé l'Opéra-Comique. Avec les boulevards des Capucines et de la Madeleine, qui lu font suite, avec la place de l'Opéra, qu'ils traversent, c'est le quartier cosmopolite des grands hôtels, des magasins de luxe et des cinémas d'exclusivité.

Au sud des Grands Boulevards, les rues, souvent étroites, abritent des commerces groupés par spécialité, qui forment autant de quartiers différents : confection autour de la place du Caire, tissus en gros au Sentier, journaux vers la ru Montmartre, banques aux alentours de la place des Victoires...

Aux extrémités des boulevards se trouvent des faubourgs typiques et animés. À l'est, près de la place de

Élevée par souscription nationale après la guerre de 1870, la basilique du
▼ *Sacré-Cœur domine Paris.*

les tonnelles. Un enchantement champêtre, célébré par Murger, par Gérard de Nerval et surtout par le petit groupe d'écrivains fidèles à leur bohème montmartroise : Carco, Dorgelès, Warnod. Sans oublier Marcel Aymé.

Dans le Montmartre d'« en bas », les boulevards de Clichy et Rochechouart, qui suivent le tracé de l'ancienne enceinte des Fermiers-Généraux, étaient, avec l'Hippodrome (auquel succéda le Gaumont-Palace, aujourd'hui démoli), le bal du Moulin-Rouge, le cabaret de la Belle-en-Cuisses (aujourd'hui dancing de la Boule-Noire), le Cirque de Montmartre et le théâtre-cabaret du Chat-Noir, un des pôles de la vie parisienne de la Belle Époque. Le Montmartre bon enfant qu'immortalisa un gnome de génie, le peintre Toulouse-Lautrec, s'est transformé, mais les chansonniers continuent d'y pourfendre les personnalités en vue. Et, si le french cancan n'est plus mené par Valentin le Désossé et Nini Patte-en-l'air, on le danse toujours au bal de la place Blanche.

Du Moulin-Rouge au moulin de la Galette

En grimpant jusqu'à la petite place Dancourt, le théâtre de l'Atelier-Charles-Dullin, où Jules Romains et Jean Anouilh furent révélés, vous attend sous un bouquet d'arbres. On rejoint ensuite la place des Abbesses (sur l'emplacement de l'ancienne abbaye des Dames de Montmartre), où l'on jettera un regard sur l'étrange tour de Saint-Jean-l'Évangéliste (une des premières églises construites en béton armé), surnommée Saint-Jean-des-Briques à cause du revêtement de sa façade. Et l'on bifurque dans la rue Ravignan.

Au n° 13 existait autrefois une antique bâtisse dont les couloirs rappelaient les coursives d'un rafiot. Doté d'une unique pompe à eau, ce caravansérail avait été baptisé « le Bateau-Lavoir » par ses locataires, qui s'appelaient Picasso, Van Dongen, Apollinaire, Max Jacob, Pierre Mac Orlan, Juan Gris, André Salmon, et par leurs amis Modigliani, Pascin, Braque, Derain, etc. Incendié en 1970, l'immeuble doit être reconstruit et aménagé en ateliers d'artistes, derrière la façade « retapée ».

Au sommet de la butte, que les paresseux peuvent gagner par le funiculaire, on se promène rue Norvins, rue Saint-Rustique et rue Cortot, où Renoir habita dans sa jeunesse, parmi de vieilles maisons qui ressemblent aux toiles d'Utrillo. On dîne devant la mairie de la « commune libre », sous les arbres de la place du Tertre, souvent envahie par les touristes. On visite, tout à côté, l'église Saint-Pierre, l'une des plus vieilles de Paris, qui a huit siècles d'existence. Et, à la tombée de la nuit, on pousse jusqu'au Sacré-Cœur pour découvrir l'océan des toits gris de la ville piqueté de lumières...

Le Sacré-Cœur! La construction d'une basilique dominant Paris fut décidée par la Chambre des députés pour répondre à un vœu national, après la défaite de 1871, et financée par une souscription publique. L'architecte Paul Abadie s'inspira, avec un bonheur discuté, de la cathédrale romano-byzantine de Périgueux. Les travaux n'allèrent pas

la Bastille, c'est le faubourg Saint-Antoine. Domaine, depuis sept siècles, des ébénistes, il est bordé d'une double rangée de marchands de meubles. Zone industrielle avant la lettre, le faubourg était peuplé d'ouvriers qui prirent une part active aux révolutions de 1789, de 1830 et de 1848. Souvenir encore vivace de la faune qui hantait naguère les « barrières » de la capitale, la rue de Lappe, rendez-vous des apaches et des gigolettes, a perdu sa mauvaise réputation; ses bals musettes se sont bien assagis, mais on y danse encore la java au son de l'accordéon. De la citadelle de la Bastille, dont la prise, le 14 juillet 1789, par la population parisienne, devint le symbole de la Révolution, il ne reste qu'un fragment de tour, en exil dans un square, et quelques pierres du soubassement sur le quai du métro.

À sa place s'élève une colonne de bronze couronnée d'un génie en équilibre sur la pointe d'un pied et baptisée « colonne de Juillet », en souvenir non pas de la prise de la Bastille, mais de la révolution de juillet 1830.

À l'extrémité ouest des Grands Boulevards, dans la luxueuse rue Royale, qui les prolonge de la Madeleine à la place de la Concorde, s'ouvre le faubourg Saint-Honoré aux vitrines-musées, royaume de la haute couture et de tout ce qui contribue à l'élégance de la femme, notamment les parfums et les « articles de Paris ». On y trouve de somptueux hôtels particuliers, entre rue et Champs-Élysées; le plus vaste, où réside le président de la République, est le palais de l'Élysée, ancienne propriété de la marquise de Pompadour. ∎

▲ *La galerie Vivienne,*
un des nombreux
passages couverts
qui avoisinent
les Grands Boulevards.

Le quartier de l'Hôtel de Ville

Entre le Marais et les Halles, l'Hôtel de Ville, cœur administratif de la capitale, borde l'ancienne place de Grève, ainsi nommée parce qu'elle fut longtemps une vaste étendue sablonneuse que léchaient les flots de la Seine. C'est là qu'avaient lieu les exécutions capitales. C'est également là que se réunissaient les chômeurs en quête d'embauche (d'où l'expression « faire la grève »). Le vaste édifice de style Renaissance qui abrite aujourd'hui les édiles parisiens a moins de cent ans. C'est la copie, plus ou moins fidèle, d'un monument du XVIᵉ siècle, incendié lors de la Commune.

Peuplé de petits artisans, de prêteurs sur gage et de prostituées, le quartier de l'Hôtel de Ville était

Mais il reste beaucoup à voir : la rue des Saules, où l'ultime vigne parisienne forme le dernier carré près du cabaret du « Lapin agile » (« le doux caboulot perdu sous les branches » cher à Francis Carco), juste au coin du petit cimetière Saint-Vincent, où reposent Utrillo et Marcel Aymé; la rue de l'Abreuvoir, dans le prolongement de laquelle se cache le « château des Brouillards », où logea Gérard de Nerval; la rue Saint-Vincent, où vécut Aristide Bruant, le plus célèbre des chansonniers montmartrois, et son musée du Vieux-Montmartre. Et, sur l'emplacement du « maquis » des mauvais garçons, la paisible avenue Junot, où demeura Poulbot, le dessinateur des gosses de Montmartre, avec leur tignasse ébouriffée et leur fond de culotte usé par la rampe des escaliers de la rue du Mont-Cenis ou de la rue du Calvaire...

Pour quitter la Butte, on descend la rue Lepic, dont la pente abrupte sert chaque année de piste à une course de lenteur entre vieux tacots. On y passe au pied du dernier des moulins montmartrois, celui de la Galette. Il eut son heure de gloire en 1814, lorsque son propriétaire se fit tuer en le défendant contre les Cosaques. Aujourd'hui, ses jardins continuent d'accueillir les mariages et les banquets, comme au temps de Mimi Pinson. Non loin de là, dans le vieux cimetière de Montmartre, reposent bien des personnages célèbres : Dumas fils et sa « Dame aux camélias », Sacha Guitry et Louis Jouvet, Berlioz et Léo Delibes, Greuze et Fragonard, les Goncourt et Stendhal... Et, lorsqu'on arrive place Blanche, le sentiment que l'on éprouve est celui de retrouver la ville en quittant un village de légende.

Un quartier-musée : le Marais

Entre l'Hôtel de Ville et la Bastille, la plaine du Marais, jadis assainie par les moines, aujourd'hui sauvée de la décrépitude par une restauration intelligente, est un véritable musée de l'architecture française du XVIᵉ au XVIIIᵉ siècle. Un site classé de 126 ha, popularisé par son festival annuel. Fief de l'aristocratie au XVIIᵉ siècle, il bourdonne aujourd'hui de l'activité des artisans et des commerçants qui l'investirent lorsque les nobles émigrèrent dans les « faubourgs ». Il faut longtemps pour le bien connaître, car chaque rue, ou presque, abrite de riches demeures.

Dans l'active et large rue Saint-Antoine, où se déroulaient autrefois fêtes et tournois (c'est là qu'Henri II se fit tuer d'un coup de lance dans l'œil), la belle façade à colonnes de l'église Saint-Paul-Saint-Louis cache le premier dôme de style jésuite. Au n° 62, l'hôtel de Sully, avec ses sphinges accroupies au pied du perron, offre, entre cour et jardin, un remarquable ensemble Louis XIII.

sans difficulté, la colline étant minée de carrières qui nécessitèrent de gigantesques fondations. Le dôme culmine à 83 m, dépassé d'une dizaine de mètres par le campanile voisin, qui abrite une des plus grosses cloches du monde : la Savoyarde (19 tonnes, 6 de plus que le bourdon de Notre-Dame).

un dédale de ruelles qui se hérissait de barricades à chaque émeute. Les urbanistes l'ont bouleversé, mais il reste quelques vieilles maisons et des ruelles étroites et noires, comme la rue Quincampoix, dont on a du mal à imaginer qu'elle était la plus parisienne des artères lorsqu'elle abritait la banque du financier Law.

Un village s'élevait autrefois sur le plateau Beaubourg. Tout un petit monde de drapiers s'affairait autour de l'église Saint-Merri, de style flamboyant, dont Saint-Saëns fut l'organiste attitré. Rue des Archives, le temple luthérien des Billettes, ancienne abbatiale d'un couvent des Carmes, est bordé par le seul cloître gothique de Paris.

Le style gothique a laissé dans ce quartier l'un des vestiges les plus populaires de la capitale : la tour Saint-Jacques. Aujourd'hui isolée au

▲ *Derrière la fontaine du Châtelet, commémorant les victoires de Napoléon Ier, la gothique tour Saint-Jacques.*

milieu d'un square, elle fut, durant des siècles, le clocher de l'église Saint-Jacques-de-la-Boucherie, démolie à la fin du XVIIIe siècle.

À deux pas de là, à l'emplacement de l'ancienne forteresse du Grand Châtelet, qui commandait l'accès à la Cité, les façades jumelles des théâtres de la Ville et du Châtelet encadrent la fontaine des Victoires, commémorant les succès militaires de Napoléon. ■

De la Butte-aux-Cailles aux Gobelins

À la lisière du quartier en pleine rénovation de la place d'Italie, le mamelon de la Butte-aux-Cailles garde un aspect très provincial avec ses pavés disjoints, ses maisons basses, ses pavillons et ses jardinets.

Le palais Soubise, qui abrite les Archives nationales, a remplacé le manoir de Clisson, ▼ dont il reste la porte à tourelles.

Au coin de la rue Pavée et de la rue des Francs-Bourgeois, les admirables pilastres corinthiens de l'hôtel Lamoignon font face à l'hôtel Carnavalet, où les styles Renaissance et classique se marient harmonieusement. Le premier abrite la Bibliothèque historique de la Ville de Paris; le second, son Musée historique. Un peu plus loin, séparés par un jardin inattendu dans ce quartier où l'on étouffe un peu parmi les pierres, l'hôtel de Soubise et l'hôtel de Rohan abritent les Archives nationales. Magnifiquement décorés en leurs appartements, tous deux furent bâtis au début du XVIIIe siècle, par l'architecte Delamair, pour François de Rohan, prince de Soubise. Le premier étale une profusion de colonnes et de statues dans la somptuosité de sa cour d'honneur. Le second garde l'un des chefs-d'œuvre de la statuaire du XVIIIe siècle : le bas-relief des « Chevaux d'Apollon », de Robert Le Lorrain.

Rue des Archives, l'hôtel Guénégaud, construit vers 1650 par François Mansart, tombait en ruine : un mécène l'a fait restaurer et y a installé la maison de la Chasse et de la Nature. Rue des Francs-Bourgeois, une romantique tourelle d'angle, dans le style des dessins de Gustave Doré, est tout ce qui reste de l'hôtel Hérouët, mais l'hôtel des Ambassadeurs de Hollande (où jamais un diplomate néerlandais ne résida) est l'un des mieux conservés intérieurement. Beaumarchais y écrivit « le Mariage de Figaro » : Chérubin est né entre ces boiseries.

Vers la Seine, de l'autre côté de la rue Saint-Antoine, au coin d'une place déserte, la façade d'un manoir médiéval semble sortir d'un récit fantastique avec la haute ogive de son portail et ses poivrières chapeautées d'ardoise : c'est l'hôtel de Sens, résidence épiscopale où séjourna la première épouse d'Henri IV, la « reine Margot », protectrice des arts et des jeunes gens bien tournés.

D'autres vieilles demeures méritent d'être vues dans cette partie du Marais. Ainsi, l'hôtel de Beauvais, avec son vestibule à coupole et sa cour ovale où se sont amusés un enfant prodige autrichien et sa sœur, que leur père, M. Mozart, venait de conduire à Paris; l'hôtel de Châlons-Luxembourg, avec son portail d'époque et son heurtoir à chevaux ciselés; l'hôtel d'Aubray, où une petite marquise aux yeux bleus — la Brinvilliers — empoisonna toute sa famille, sans parler des innombrables malades de l'Hôtel-Dieu qui lui servaient de sujets d'expérience.

La place des Vosges, couronne du Marais

La place des Vosges est le joyau du Marais. Elle est si rose et blanche, si élégante entre ses arcades, son jardin provincial et ses boutiques, qu'elle apparaît comme la couronne de ce quartier.

▲ *Au pied de la Butte-aux-Cailles,
rue Dieulafoy : des pavillons
d'une conformité
toute britannique.*

Des rues étroites, aux noms pittoresques (rue du Moulin-des-Prés, rue des Cinq-Diamants), escaladent le monticule sur lequel vint se poser, le 21 novembre 1783, la montgolfière de Pilâtre de Rozier, ouvrant ainsi l'ère des voyages aériens. Dans ce temps-là, l'endroit était désert, à l'exception de quelques moulins. C'est au milieu du XIXe siècle, alors que la butte se trouvait encore hors les murs, qu'apparurent les premières modestes maisonnettes qui confèrent aujourd'hui au quartier son pouvoir de dépaysement.

Au pied de la Butte-aux-Cailles coulait jadis une rivière aux eaux limpides, peuplée de castors et appelée, pour cette raison, la Bièvre (« bièvre » étant l'ancien nom du castor). L'hiver, les gens cassaient la glace et l'enfouissaient dans des

trous où elle se conservait jusqu'à l'été : c'est pour cela que le quartier s'appelle « la Glacière ». La Bièvre est toujours là, mais elle coule désormais sous terre. Transformée en égout, elle sentait si mauvais que, en 1910, on jugea préférable de la recouvrir.

Parmi les gens qui souillaient les eaux de la Bièvre venaient en bonne place les teinturiers riverains de la manufacture de tapisseries des Gobelins, fondée par Louis XIV à l'emplacement du modeste atelier de teinturerie créé au XVe siècle par la famille Gobelin, « marchands en écarlate ». Après avoir travaillé sur les cartons de Le Brun, de Poussin, de Mignard et de Van Loo, la manufacture traduit aujourd'hui en tapisseries, avec la même science, les œuvres de Lurçat, de Picasso et de Chagall. ■

Avant d'être appelée place des Vosges pour honorer le premier département à payer ses contributions sous le Consulat, elle avait été la place Royale. Y sont alignés, comme pour une parade, trente-six pavillons formant un carré parfait : neuf de chaque côté, tous du même modèle, avec leurs deux étages de pierre et de brique portés par quatre arcades.

C'est Henri IV qui eut l'idée de cette place, afin que le Paris de l'époque possédât un lieu dégagé où des fêtes pourraient être organisées. La place Royale était nue. Ni square ni arbres. Le Vert Galant était mort depuis deux ans lorsqu'elle fut inaugurée, en 1612, par un grand carrousel de trois jours, donné à l'occasion du mariage de Louis XIII et d'Anne d'Autriche.

La place devint l'endroit chic, le centre à la mode où résidaient les gens en renom, les fortunes fraîches et les beaux esprits. Les « précieuses » du temps y tenaient salon. Bravant les édits, on s'y battait en duel.

Maints personnages illustres demeurèrent place des Vosges. Mme de Sévigné (qui n'était encore que la petite Marie de Rabutin-Chantal) y naquit au n° 1 *bis*. Victor Hugo logea au n° 6 pendant seize ans : il y écrivit « les Chants du crépuscule » et des pièces de théâtre, notamment « Hernani » et « les Burgraves » (l'immeuble est devenu un musée dédié au poète). Théophile Gautier s'installa au n° 8, et au n° 11 vécut Marion Delorme, qui accorda ses faveurs à des personnages aussi divers que Cinq-Mars, le duc de Buckingham, le prince de Condé et (si l'on en croit Tallemant des Réaux) Richelieu lui-même.

Les mondanités parisiennes ont émigré vers d'autres quartiers, et les nobles demeures se sont embourgeoisées. Quant au petit square où jouent les enfants et rêvent les retraités, il est question de le supprimer pour rendre au premier ensemble monumental de la capitale son ordonnance initiale.

Ici régnèrent les Templiers

Entre les splendeurs du Marais et la moderne place de la République, le quartier populeux du Temple est le domaine de la confection et des écoles techniques. La forteresse des Templiers, dont l'enceinte constituait une véritable ville close, a été rasée au XIXe siècle, avec le sinistre donjon dans lequel furent emprisonnés Louis XVI et sa famille. Quant au fameux « boulevard du Crime » — surnom du boulevard du Temple, où les théâtres du mélo se serraient les uns contre les autres —, il a perdu son animation depuis l'époque où Frédérick Lemaître y créait le personnage de Robert Macaire et où la silhouette farineuse et mélancolique du mime Deburau hantait le théâtre des Funambules.

*La bibliothèque du Conservatoire
des arts et métiers
se trouve dans le réfectoire
▼ d'une ancienne abbaye.*

Symboles de ses activités, les deux pôles d'attraction du quartier sont un populaire marché de vêtements (le « Carreau du Temple », ainsi nommé parce que l'on y offrait autrefois les marchandises sur le pavé) et le Conservatoire des arts et métiers. Cette grande école, qui abrite le musée national des Techniques, occupe les locaux d'un ancien monastère, Saint-Martin-des-Champs. Le réfectoire des moines, aujourd'hui bibliothèque, et l'église abbatiale, de style roman, transformée en salle d'exposition, méritent une visite.

L'église voisine Saint-Nicolas-des-Champs, construite au XIIe siècle, mais fortement remaniée, n'aurait qu'un intérêt mineur sans son remarquable portail sud, qui mêle harmonieusement ses grâces Renaissance à l'ensemble gothique de l'édifice. Les amateurs de curiosités lui préféreront, au n° 3 de la rue Volta, les pans de bois de la plus vieille maison de Paris (elle a plus de 600 ans). Ou, au 51 de la rue de Montmorency, la demeure où vécut Nicolas Flamel, écrivain juré de l'Université, que ses largesses ont fait passer pour alchimiste.

Le marché aux puces

Au début du siècle, aux alentours de la porte de Clignancourt, les chiffonniers venaient, en fin de semaine, offrir le produit de leur collecte hebdomadaire aux Parisiens attirés par les guinguettes des «fortifs». Depuis, le quartier s'est transformé, et le marché aux puces, fortement embourgeoisé, groupe plus de 2 000 commerçants patentés qui, s'ils vendent tous — ou presque tous — des marchandises d'occasion, tiennent souvent davantage de l'antiquaire que du brocanteur.

Divisé en secteurs, le marché aux puces se compose, en fait, de six marchés distincts, dont chacun a sa spécialité. Vernaison, le plus vaste, vend surtout des bibelots. Biron, le plus luxueux, est le domaine des

▲ *Les amateurs découvrent parfois des trésors dans le bric-à-brac du marché aux puces.*

antiquaires. La friperie se trouve à Malik, la brocante à Cambo, et la ferraille au marché Paul-Bert. Quant à Jules-Vallès, il est consacré aux curiosités et aux meubles rustiques.

Pittoresque, animé, haut en couleur, le marché aux puces offre chaque fin de semaine, aux amateurs et aux collectionneurs, l'amusant déballage de ses trésors hétéroclites. Il est toujours plaisant d'y fouiller, même si les chances de réaliser une «affaire» sensationnelle sont de plus en plus minces.

Un autre marché aux puces, moins sophistiqué, se tient à la porte de Montreuil. Ici, pas d'objets d'art, sauf exception, mais de la vraie brocante et des vêtements usagés. Il arrive que l'on trouve son bonheur en fouinant dans son bric-à-brac, et, de toute façon, on ne risque pas de s'y ruiner. ■

À Saint-Germain-des-Prés, les paulownias, les bancs et le lampadaire à boules blanches
▼ *de la petite place Furstenberg.*

Les vieux villages de l'est

À l'est de Paris, un village rivalisa longtemps avec Montmartre : *Belleville,* 128 m d'altitude (un de moins que la Butte!). Résidence d'été des rois à l'époque mérovingienne, il eut ensuite ses couvents, ses nobles résidences, ses bois, ses champs et ses vignes, puis des bals populaires et des guinguettes qu'envahissait, le soir du mardi gras, un délirant cortège de pierrots mondains et de polichinelles encanaillés, mené par Mylord l'Arsouille (le comte Charles de La Battut) en équipage à six chevaux, précédé de trompes de chasse...

De tout cela, il ne reste rien, sauf la colline, baptisée «du Télégraphe» en souvenir des expériences de Chappe. Pittoresque et misérable il y a moins de vingt ans, Belleville, dont le nom vient de «bellevue», est en train de se rénover. Tout là-haut (au «poulailler de la capitale», comme l'écrit Maurice Chevalier, le plus illustre de ses enfants), *Ménilmontant,* un ancien hameau de la commune, remplace par du béton et des espaces verts les ruelles grises qui donnaient peut-être un certain cachet au vieux «Ménilmuche» des titis parisiens, mais n'en constituaient pas moins un îlot insalubre.

Bordé par les boulevards de Ménilmontant et de Charonne, le *cimetière du Père-Lachaise* est la plus vaste et la plus illustre des nécropoles parisiennes. D'innombrables célébrités y reposent : Héloïse et Abélard, Musset et Chopin, Molière et La Fontaine, Sarah Bernhardt et Édith Piaf, Balzac et Marcel Proust, et tant d'autres, peintres et musiciens, écrivains et hommes politiques, savants et gloires militaires... C'est ici que, en 1871, la Commune se termina dans un bain de sang. Les derniers insurgés résistèrent désespérément parmi les tombes. Les survivants furent fusillés contre le mur d'enceinte, appelé depuis «mur des Fédérés».

L'ambiance des anciens villages est plus vivante à *Charonne,* grâce à la vieille église Saint-Germain-de-Charonne, entourée de son cimetière campagnard. Son clocher est du XIIe siècle, et les maisons basses qui l'entourent rappellent que, au siècle dernier, ses paroissiens étaient, pour la plupart, vignerons ou maraîchers.

La rive gauche « où souffle l'esprit »

Ancienne ville gallo-romaine, fief de l'Université depuis le Moyen Âge, la rive gauche de la Seine est restée «un lieu où souffle l'esprit», selon le mot de Barrès. Ce n'est pas un hasard si la plupart des sociétés savantes, des maisons d'édition, des grandes librairies sont groupées autour de l'Odéon et du boulevard Saint-Germain.

On y reconnaît deux axes en croix. Du nord au sud, le boulevard Saint-Michel, qui voit tourbillonner autour de lui facultés, collèges et

grandes écoles. D'est en ouest, le boulevard Saint-Germain, qui relie le «village» de Saint-Germain-des-Prés à la place Maubert, la «Maube» où se tenait, il y a une vingtaine d'années, une bourse aux mégots réservée aux clochards, fort nombreux avant l'invasion des hippies. Au carrefour de ces deux artères se trouvent les ruines des

Le village d'Auteuil

Moins de 300 habitants sous Louis XIV, plus de 100 000 aujourd'hui : Auteuil, quartier résidentiel de l'Ouest parisien, était naguère un village renommé pour la pureté de son air. Il était de bon ton d'y posséder, comme Boileau et Molière, une maison de campagne. Ses dernières vignes ont disparu à la fin du siècle dernier et, à la même époque, un édifice romano-byzantin a remplacé la vieille église Notre-Dame-d'Auteuil, qui datait du XIIe siècle.

Quelques privilégiés disposent encore d'un havre de calme et de verdure : des lotissements privés, clos de grilles et baptisés « hameau » ou « villa », abritent des hôtels particuliers entourés de jardins. Certains se limitent à une voie en impasse, mais les plus vastes (villa de Montmorency, hameau Boileau) comportent plusieurs allées et forment de verdoyantes oasis au milieu des immeubles modernes.

Il n'y a pas de monument marquant à Auteuil, mais l'on y trouve encore quelques vieilles maisons, notamment rue d'Auteuil, l'ancienne Grand-Rue du village. Voici l'« hôtel des demoiselles de Verrières », chanteuses d'Opéra que fréquentaient Voltaire et Marmontel, le « château Ternaux » où Mme Récamier recevait Lamartine et Chateaubriand, l'ancien « domaine des Génofévains », les chanoines de Sainte-Geneviève, aujourd'hui maison de retraite... Néanmoins, pour beaucoup, Auteuil, c'est surtout l'hippodrome, en bordure du bois de Boulogne, où se disputent les courses d'obstacles... ■

▲ *Estampes et vieux livres :*
les étalages colorés
des bouquinistes
animent les quais de la Seine.

Thermes, les bains publics bâtis par les Romains vers la fin du IIe siècle, et l'admirable hôtel de Cluny, un chef-d'œuvre du style gothique flamboyant, élevé à la fin du XVe siècle par les abbés de Cluny, à l'époque où s'amorçait la décadence de leur ordre.

Voué aux études supérieures depuis le début du XIIIe siècle, le Quartier latin, cosmopolite et turbulent, ne peut se résumer au seul « Boul'Mich ». Il faut pourtant avoir descendu celui-ci de la place Edmond-Rostand à la fontaine Saint-Michel, mêlé à la foule qui déambule jour et nuit sur le trottoir de droite, entre les terrasses des cafés et les étalages des camelots, pour comprendre que le boulevard Saint-Michel, qui s'endort d'un seul coup lorsqu'il atteint les jardins du Luxembourg, est un monde à part, grouillant de vie et débordant d'une activité qui n'est pas exclusivement consacrée aux études universitaires.

La *Montagne Sainte-Geneviève* apparaît maintenant comme le refuge de l'université. Au milieu des écoles, des facultés et des lycées qui occupent ses pentes, se sont installés des petits hôtels d'étudiants, des restaurants grecs ou chinois et des cinémas d'essai. Il se pourrait que ce soit le dernier village authentique de Paris, depuis la prise de Montmartre par les troupes du « Paris by Night » et l'investissement de Saint-Germain-des-Prés par les indifférents de passage...

Ce village a sa place des fêtes : la vieille Contrescarpe, avec ses cafés et ses galeries d'art en bordure d'un terre-plein aux allures de jardin japonais — maintenant submergé par les automobiles; depuis que Rabelais et les poètes de la Pléiade y buvaient sans façon, la Contrescarpe n'a jamais cessé d'être animée. Il a aussi sa grand-rue : la rue Mouffetard — la « Mouffe » —, abrupte, sinueuse, animée comme un marché de Hongkong, avec ses cafés-théâtres, ses étals de bouchers, ses pyramides de tomates et de salades, dans le va-et-vient incessant de la foule.

On revient vers le Boul'Mich en flânant le long des quais de la rive gauche. Inséparables du décor de la Seine, les éventaires des bouquinistes y sont incrustés comme des coquilles d'huîtres sur les parapets. Dernier îlot à caractère du Quartier latin, le quartier Saint-Séverin, dont les rues étroites sont interdites aux voitures. Avec leur nom pittoresque (rues de la Huchette, de la Parcheminerie, du Chat-qui-Pêche) et leur caractère moyenâgeux, elles sont le domaine des cinémas d'avant-garde, des restaurants exotiques et d'un certain folklore à base de guitares, de bonne humeur et de « jeans » effrangés.

Derrière la place Saint-Michel, la petite place Saint-André-des-Arts, aux terrasses ensoleillées, est l'antichambre d'un autre village, celui de *Saint-Germain-des-Prés,* dont les caves furent, au temps de l'existentialisme, aussi célèbres que celles de la Bourgogne.

Le puissant monastère bénédictin autour duquel ce village prospéra régnait jadis sur un vaste domaine rural. La Révolution a supprimé l'abbaye, foyer de haute culture, mais Saint-Germain-des-Prés est néanmoins resté un quartier d'intellectuels (ou prétendus tels).

Il y a deux manières de subir le charme de ce qui fut longtemps un îlot de calme où la vie était douce, à l'ombre d'un clocher blanc coiffé d'un chapeau pointu. La première, c'est de s'asseoir à une terrasse de

La grande croisée romaine	Paris au XVIIIᵉ s.	Espace vert
Paris au XVᵉ s.	Ville et département de Paris	Principaux centres de distractions

Quartier pittoresque
★ Grand monument

café (les trois «grands» sont, traditionnellement, le Flore, les Deux Magots et la brasserie Lipp, spécialiste de la choucroute politique) : le spectacle est sur le trottoir, où survient inévitablement quelqu'un de connaissance, Saint-Germain-des-Prés se révélant comme un club à ciel ouvert.

La seconde méthode consiste à se promener dans les coulisses du quartier : rue Jacob, au milieu des antiquaires; place Furstenberg, où quatre paulownias font la ronde autour d'un lampadaire provincial devant l'ancien atelier de Delacroix; ou, mieux, sous les voûtes des cours de Rohan, où vécut Diane de Poitiers. L'on s'attend toujours à y voir apparaître une chaise à porteurs, près du seul pas de mule parisien et de la margelle du vieux puits.

Car s'il y a deux Montmartre, il y a deux Saint-Germain-des-Prés. Tout comme il y a deux *Montparnasse,* dominés désormais par la nouvelle tour géante : celui de la trépidante rue de la Gaîté, vouée, comme son nom l'indique, aux distractions en tous genres, et une petite ville de province, avec des boutiques toutes simples, des enfants qui jouent sous les porches et des gens qui se saluent en rentrant chez eux.

Jadis butte verdoyante et inhabitée, dédiée par les «escholiers» du Quartier latin voisin au culte des muses et baptisée par eux du nom de la montagne où trônait Apollon, le «mont Parnasse» fut aplani à la veille de la Révolution, lors de la construction de l'enceinte des

Fermiers-Généraux. Caboulots et guinguettes y fleurirent à l'ombre des bosquets : on venait danser la polka à la Grande Chaumière, à la Closerie des Lilas...

Percé de larges artères par le baron Haussmann, Montparnasse connut à l'aube du XXᵉ siècle une autre vocation : la bohème montmartroise, à la recherche de nouveaux horizons, franchit la Seine et envahit ses cafés. Désertant le Bateau-Lavoir, des peintres comme Léger, Modigliani, Soutine, Chagall élirent domicile à la Ruche, un pittoresque bâtiment circulaire qui, depuis l'Exposition de 1900, se dresse sur la colline voisine de Vaugirard, rue de Dantzig, et fondèrent l'«école de Paris». Aux artistes se mêlaient des réfugiés politiques comme Lénine, des musiciens comme Stravinski, des poètes comme Cocteau.

Depuis la Seconde Guerre mondiale, les banquettes de la Coupole, du Dôme et de la Rotonde accueillent une clientèle plus anonyme, si bien qu'aujourd'hui cinémas et boîtes de nuit sont plus nombreux que les ateliers d'artistes. Pourtant, la célèbre académie de peinture de la Grande-Chaumière et de nombreuses galeries de tableaux confèrent encore à Montparnasse une ambiance particulière.

En définitive, Paris n'est pas autre chose qu'un archipel de villages au caractère tranché, aux individualités marquées, une collection de «campagnes» qui, de quartier à quartier, se côtoient et fraternisent sans pourtant se mêler...

Paris et ses églises

▲ La façade sud, ornée d'une immense rose,
de baies ajourées, de gables et de pinacles,
domine la verdure du square Jean-XXIII.

◄ Dans la douce lumière du couchant,
un miracle d'architecture :
le chevet de Notre-Dame
et ses arcs-boutants,
disposés en couronne.

◄ L'un des huit petits bas-reliefs
qui ornent le bas des contreforts
du portail Saint-Étienne
illustre la vie des étudiants
au XIIIᵉ siècle.

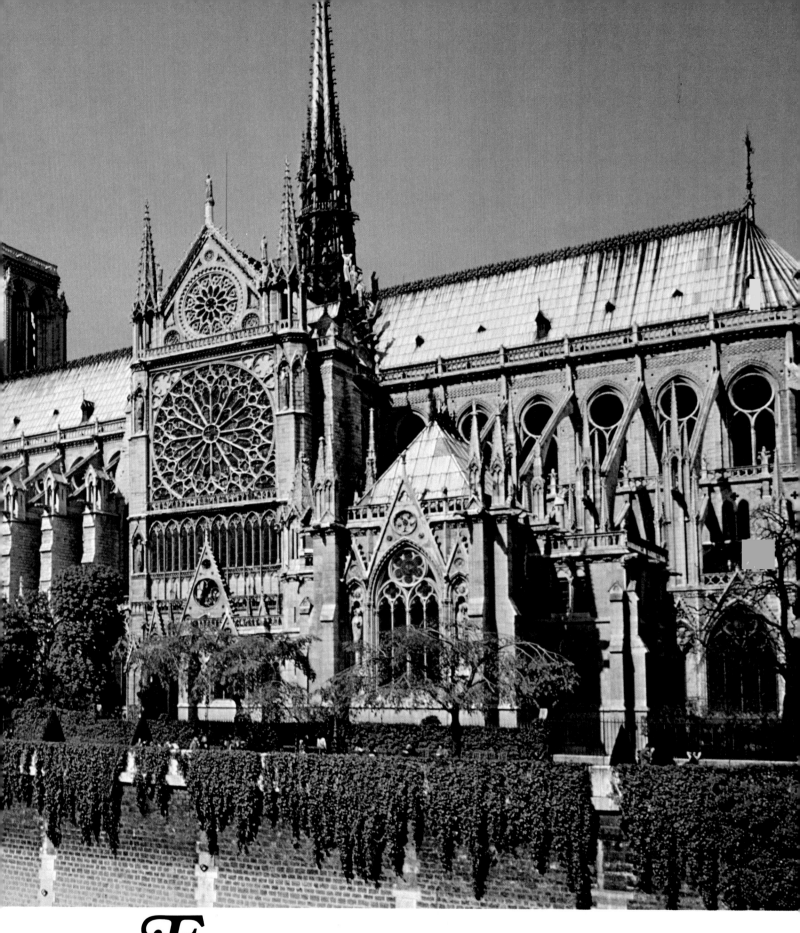

*E*n un lieu sacré, où priaient déjà les Romains,
le Moyen Âge a élevé une cathédrale digne du prestige de la capitale.
Mariages et enterrements royaux, processions, Te Deum :
le majestueux vaisseau gothique de Notre-Dame de Paris
a vu célébrer beaucoup des cérémonies religieuses
qui marquèrent les grandes heures de l'histoire de France.

*Embrasée
par le soleil du soir,
la façade occidentale,
dont la superbe
ordonnance combine
équilibre et majesté.*

*Pour les amateurs d'architecture
comme pour les historiens,
Notre-Dame,
ancrée en plein cœur de Paris,
demeure un «rêve»
où se mêlent l'élégance gothique,
la dévotion séculaire
et la turbulence de l'histoire.*

◀ *Derrière la façade nord
et le beau portail du Cloître
se cachent la tour de Clovis,
Saint-Étienne-du-Mont
et le dôme du Panthéon.*

*Au centre de la façade ouest,
le portail du Jugement dernier,
la galerie des Rois
et l'immense rose auréolant
la Vierge entre deux anges.*

*Mal entretenue
au cours des siècles,
Notre-Dame se délabra
peu à peu.
Ce n'est qu'à la fin
du XIXe siècle que,
grâce à Lassus
et à Viollet-le-Duc,
ressuscita la cathédrale
qui veille toujours
sur la Cité.*

▲ *Imaginé par Viollet-le-Duc,
l'un des monstres qui montent la garde
aux angles de la balustrade
de la Grande Galerie.*

*Au pied de la flèche refaite ▶
sur le modèle de celle du XIIIe siècle,
des statues des apôtres en cuivre,
ajoutées par Viollet-le-Duc.*

8. Paris et ses églises

*Notre-Dame dresse ▶
sa fine flèche à 96 m
au-dessus des eaux paisibles
de la Seine, qui l'enserre
de ses deux bras.*

*Les arches du Pont-Royal et,
au-dessus des toits,
le dôme de l'Institut,
les tours de Notre-Dame
et la flèche de la Sainte-Chapelle.*

▲ *Le chevet de Notre-Dame,*
auquel semble aboutir le quai de Béthune,
l'une des berges de l'île Saint-Louis.

*Q*ui ne connaît sa silhouette imposante, ancrée dans la vieille île de la Cité, au cœur de Paris? Qui n'a admiré son chevet soutenu par une volée d'arcs-boutants, orné de clochetons, de balustrades et de gargouilles, dressé au-dessus des arbres du jardin de l'Archevêché et du lierre qui croule en grappe jusqu'à la Seine? Qui ne s'est attardé sur le quai de la rive gauche pour contempler, par-dessus les boîtes des bouquinistes et à travers le feuillage léger, son élégant vaisseau? Et sa façade, qu'il ne faut pas regarder du fond de la place du Parvis, d'où elle se réduit à la platitude d'une carte postale, mais du pied même du sanctuaire, d'où chaque détail prend un relief impressionnant, d'où les deux tours, hautes de 69 m, semblent se perdre dans le bleuté du ciel, d'où, selon la volonté de ses bâtisseurs, la cathédrale vous écrase comme Dieu dominant le monde?

L'intérêt de *Notre-Dame* n'est pas seulement d'être, avec la tour Eiffel, le symbole de Paris dans le monde, mais c'est d'être aussi la première église de la capitale. Celle dont les cloches sonnent depuis huit cents ans les tragédies, les victoires, les liesses du pays de France. Celle à travers laquelle s'est affirmé l'art gothique avant d'atteindre la plénitude à la Sainte-Chapelle, puis de « délirer » à Saint-Séverin. Celle enfin où est née l'impulsion qui devait doter Paris de grandes églises telles que Saint-Étienne-du-Mont, Saint-Eustache, Saint-Gervais-et-Saint-Protais, Saint-Roch et la Madeleine.

Une création de l'art et de la foi

Les quelques clochers qui, au XIIe siècle, parsemaient la campagne de l'Île-de-France appartenaient à de riches abbayes, jalouses de leur indépendance et de leurs biens. Sainte-Geneviève sur sa montagne au sud, Saint-Germain au milieu de prés qui n'en finissaient pas vers l'ouest, Saint-Martin dans ses champs au nord-est, avec Saint-Pierre, sa dépendance, perchée sur la colline de Montmartre; et, au nord, la plus belle basilique qu'on ait jamais vue, Saint-Denis, premier grand édifice gothique. Au centre, il n'y avait que deux petites églises vétustes : Saint-Étienne et Notre-Dame. Cela n'était pas digne de la capitale.

Aussi l'évêque, Maurice de Sully, homme estimé du clergé et du pieux roi Louis VII, entreprit-il de donner à Paris la cathédrale qu'il méritait. À la pointe orientale de la Cité, sur l'emplacement des églises Saint-Étienne et Notre-Dame — lieu sacré par excellence, puisque s'y élevaient auparavant des autels païens —, fut bâti l'édifice admirable que nous connaissons, dans le style qui s'esquissait à Saint-Denis et qui ouvrait la voie à toutes les audaces architecturales, le style gothique.

Les travaux débutèrent en 1163 et se terminèrent près de deux siècles plus tard. On ignore le nom de l'architecte qui dessina le plan, tout en hauteur, où la poussée des voûtes est prise en charge par des contreforts extérieurs afin d'épurer au maximum les lignes intérieures. Les seuls noms que l'on puisse citer sont ceux de Jean de Chelles et de Pierre de Montreuil, auxquels on doit les deux croisillons du transept, avec leurs façades rayonnantes éclairées par une immense rose, et celui de Jean Ravy, créateur de l'arc-boutant d'une seule volée qui contribue à la beauté de l'édifice.

La construction de Notre-Dame s'élabora en partant du chœur vers la façade. L'autel fut consacré en 1182. En 1200, on acheva la nef, conçue, comme l'abside, à doubles bas-côtés surmontés de tribunes (pour qu'elle ait l'accueil large) et de fenêtres hautes (pour qu'elle soit lumineuse). Puis on éleva la façade, avec sa galerie des Rois, sa grande rose et sa galerie des tours, tandis que, parallèlement, on montait la charpente et les toitures. Dans la première moitié du XIIIe siècle furent aménagées, entre les contreforts de la nef, des chapelles attribuées aux différentes corporations, ce qui nécessita le prolongement des bras du transept pour aligner leurs façades sur celles de ces chapelles. Enfin, la seconde moitié du XIIIe siècle vit l'édification des chapelles du chevet.

Les puristes prétendent que Notre-Dame n'est pas « belle », parce qu'elle n'a pas, comme la Sainte-Chapelle, d'unité de style. C'est exact, mais c'est ce qui la rend attachante, et elle retrace toute l'histoire du gothique, de ses balbutiements au flamboiement final. L'obscurité des tribunes du chœur appartient au gothique primitif, tout comme les timides rayons de lumière qui coulent des petites ouvertures surmontant des occuli aux angles du transept. Cet éclairage réduit est dû à des reconstructions de Viollet-le-Duc, mais bien intéressantes puisqu'elles montrent quelle pénombre, propice au recueillement, régnait dans la cathédrale primitive, avant qu'on ait ouvert, au XIIIe siècle, de hautes fenêtres en ogive entre les contreforts du pourtour. En revanche, on découvre un gothique parvenu à son apogée avec les arcs-boutants d'une seule volée (15 m de portée), lancés, au début du XIVe siècle, des contreforts entre les fenêtres du chevet, pour remplacer les arcs-boutants à double volée, jugés trop lourds. Quant à la façade du croisillon sud, qu'il faut détailler depuis le jardin de l'Archevêché, elle se situe à la fin de l'art gothique, où grâce et délicatesse se sont transformées en virtuosité dans le style gothique flamboyant. Entre ces deux extrêmes, on retrouve tout le cheminement de l'architecture gothique : énormes piles cylindriques, encore courtaudes, du chœur, qui s'affinent dans la nef; chapiteaux à crochets, parés de feuillage stylisé, puis faisceaux aériens de colonnettes dans la première des huit travées de la nef (la dernière, chronologiquement).

Le trésor de Notre-Dame

Depuis des siècles, Notre-Dame a son trésor, aujourd'hui installé dans un bâtiment néo-gothique, édifié par Viollet-le-Duc et Lassus et relié par une galerie au côté sud du déambulatoire. Certes, les guerres, les vols, la Révolution n'ont laissé qu'une faible partie de l'opulent trésor que décrivent les documents anciens. Mais il réunit encore quelques joyaux : la statue de la Vierge à l'Enfant, en argent, offerte par Charles X en 1826 et qui est toujours portée en procession le jour de l'Assomption; des aubes de dentelle du XVIIIe siècle; un Christ en croix en ivoire du XVIe siècle; des esquisses en terre cuite de J.-B. Carpeaux (un Christ en croix et une Déposition de croix); des pièces d'orfèvrerie en vermeil...

On peut y voir aussi une vitrine consacrée à Saint Louis, avec sa blanche tunique en toile de lin et sa discipline, ou escourgette. La délicate croix palatine, qui provient du trésor des rois de Pologne, abrite sous ses glaces biseautées un clou et des fragments de la Croix. Le reliquaire de Napoléon Ier, exécuté en or moulu par C.-C. Cahier en 1806, recèle, dans sa châsse en forme de sphère, la couronne d'épines cédée par Baudouin II, empereur de Constantinople, à Saint Louis; on ne l'en extrait qu'une fois l'an, le vendredi saint, pour l'exposer au public, dans sa couronne protectrice de cristal et de vermeil.

Enfin, on y trouve des souvenirs de Paul Claudel, qui recouvra la foi en assistant aux vêpres à Notre-Dame en 1886. ■

▲ *Trésor de Notre-Dame :*
trois pièces d'orfèvrerie du XIXe siècle
(reliquaire de la Sainte Couronne d'épines,
flanqué de deux ostensoirs).

Le chœur de Notre-Dame de Paris,
haut lieu de recueillement
▼ *pour la prière... et la musique.*

Un sauvetage controversé

Ce superbe vaisseau, long de 130 m, large de 48 m et dont la nef, large de 12,50 m, atteint 33 m sous voûte, nous apparaît tel que le conçut le Moyen Âge, du moins dans ses grandes lignes. En effet, dans les détails — que l'on distingue si bien depuis que l'on a ravalé la belle pierre calcaire blanche —, c'est un autre problème. Il n'est pratiquement pas une gargouille, une chimère, une statue, un pinacle qui soit d'époque. Pas plus d'ailleurs que la flèche, qui s'élève à 90 m au-dessus du sol, à la croisée du transept. Tout cela est l'œuvre de Viollet-le-Duc, au siècle dernier. Les travaux de restauration que celui-ci réalisa ont été vivement critiqués par certains, et la controverse n'est pas éteinte. Quoi qu'il en soit, il faut rappeler ce que lui doit Notre-Dame.

Depuis sa prime jeunesse, la cathédrale n'avait connu que des siècles de simple entretien, ou de négligence, ou d'embellissements plus ou moins heureux. Au XVe siècle, on supprima la majeure partie des tombes du chœur et des chapelles. Au XVIe, on consolida seulement. Au XVIIe, on procéda à l'aménagement d'un chœur somptueux sans chercher à savoir s'il convenait à la simplicité de l'ensemble. Ces modifications répondaient à un vœu formulé par Louis XIII, le 10 février 1638 : à l'occasion de la maternité inespérée d'Anne d'Autriche, le roi avait placé la France sous la protection de la Vierge, promettant en outre de faire « construire de nouveau le Grand Autel de l'église cathédrale de Paris ». Louis XIV tint à respecter cette volonté, et les travaux commencèrent en 1699. On démolit l'autel du XIIIe siècle, les stalles et une partie de la clôture. Colonnes et arcades gothiques disparurent sous un placage de marbre du Languedoc. Le sanctuaire reçut un dallage de marbre de couleur axé sur un médaillon du roi, des stalles sculptées, six anges portant les instruments de la Passion; derrière le maître-autel, une Vierge de Pitié, de Nicolas Coustou, avec, de part et d'autre, les statues de Louis XIII, par Guillaume Coustou, et de Louis XIV, par Coysevox. Le tout clos de grilles ouvragées.

Plus tard, une nouvelle chaire fut installée dans la grande nef sous la direction de Soufflot. À ce dernier revient aussi la détérioration du portail central, dont on démolit le trumeau et un large fragment du tympan pour permettre le passage du dais lors des processions. De cette même époque datent toute une série de transformations, notamment le remplacement des éclatants vitraux médiévaux de la nef par des verrières blanches plus lumineuses. Pour réparer les érosions du temps, on utilisa des moyens expéditifs : en 1787, on élimina des murailles et des corniches toutes les gargouilles et les sculptures, sans se préoccuper de leur utilité. La flèche étant sur le point de s'effondrer, on l'abattit en 1791. À cela s'ajoutèrent, évidemment, les

Notre-Dame au musée

Une visite à Notre-Dame devrait se prolonger par un tour du côté du *musée de Cluny*. Celui-ci détient en effet quelques précieux souvenirs de la cathédrale d'autrefois : la statue des Rois mages qui proviennent du premier contrefort nord du chœur, des moulages de têtes du portail du Jugement dernier avant restauration, et surtout l'Adam que Viollet-le-Duc a remplacé par une copie sur la balustrade de la galerie de la Vierge, au pied de la tour nord — un des rares nus connus du Moyen Âge (XIVe s.). On peut aussi y voir le fameux *autel des Nautes* gallo-romain, découvert sous le chœur de Notre-Dame — la plus ancienne sculpture de Paris.

Au 18 de la rue du Cloître-Notre-Dame, s'est ouvert un petit *musée de l'Œuvre Notre-Dame,* qui se consacre surtout aux fouilles effectuées sur le parvis de 1965 à 1970 — à l'occasion de la construction du parking — et qui ont permis de mettre au jour divers objets gallo-romains, aux documents et archives de la « cathédrale des grands siècles », à la campagne de sauvegarde lancée par Victor Hugo, aux maîtres de chapelle et organistes de Notre-Dame. ∎

Saint-Roch et la Madeleine

Hors les œuvres maîtresses, il reste bien des curiosités religieuses à voir à Paris. L'*église Saint-Roch,* paroisse des comédiens, par exemple. Derrière sa façade classique aux lignes pures (d'après

▲ *La façade de l'église Saint-Roch, conçue dans le style jésuite par l'architecte Robert de Cotte, au XVIIIe siècle.*

déprédations révolutionnaires : fonte des cloches (hormis le gros bourdon) et de divers objets religieux; destruction des statues, parmi lesquelles celles des rois de Juda sur la galerie de la façade; utilisation de la cathédrale comme entrepôt de vins.

C'est Victor Hugo qui, en publiant *Notre-Dame de Paris,* alerta l'opinion publique sur le piteux état de l'édifice. Sa campagne, appuyée par Vigny, Ingres, Montalembert et surtout Mérimée, aboutit à la restauration de la cathédrale. On proposa l'ouverture d'une souscription et un concours de projets de restauration. Celui de Lassus et Viollet-le-Duc l'emporta. Les deux architectes héritèrent d'un bâtiment qui tenait tout juste debout, avec mission de le « consolider et de reconstruire la sacristie et une salle du Trésor », victimes, ainsi que le palais de l'Archevêché, des dernières colères des Parisiens. Cet énorme travail fut mené avec un soin scrupuleux. La réussite fut extraordinaire, pour la charpente en particulier — cette merveilleuse « forêt » qu'hélas! on ne visite pas. Mais, après la mort de Lassus, en 1857, Viollet-le-Duc se laissa emporter par son goût de recréer le passé. Il ne fut plus seulement question de restauration, mais aussi de reconstitution. Le portail central fut orné d'une scène de la Résurrection des morts, la façade retrouva une galerie des Rois, la statuaire fut refaite, les fenêtres des tribunes redessinées, les parties hautes peuplées de chimères, de crochets et de gables, la flèche élevée, le sanctuaire remeublé, et les placages de marbre des piliers du chœur enlevés. En fin de compte, la cathédrale redevint telle qu'elle avait sans doute été; mais c'est trop d'avatars pour qu'on puisse porter un jugement raisonnable sur Notre-Dame. Elle se découvre et se redécouvre...

Les joyaux de Notre-Dame

À l'intérieur, la cathédrale recèle bien des trésors : les verrières des roses du transept, particulièrement larges et légères (XIIIe s.); la Vierge de pierre du XIVe siècle provenant de l'ancienne chapelle Saint-Aignan et placée à l'entrée du chœur, côté sud; les bas-reliefs, décorant la clôture primitive du chœur, tronquée au XVIIIe siècle, qui retracent des scènes de la vie de Jésus et ses apparitions; les médaillons sculptés sur les stalles; les statues polychromes de Jean Juvenal des Ursins agenouillé au côté de sa femme (XVe s.). Les vitraux modernes de Le Chevallier, qui ont succédé en 1965 aux vitraux du Moyen Âge, eux-mêmes remplacés au XVIIIe siècle par des verrières blanches puis, au XIXe, par des grisailles, s'intègrent parfaitement à l'ensemble.

À l'extérieur, malgré les remaniements, la façade occidentale demeure d'une majestueuse beauté. Ses trois portails, en creux, abritent des tympans sculptés, où l'homme de la rue, au Moyen Âge, pouvait apprendre, par l'image, l'histoire sainte. Le portail de gauche, consacré à la Vierge, à sa mort et à son couronnement, est un chef-d'œuvre d'ordonnance et de simplicité. Celui de droite, dit « de sainte Anne », possède sur les deux étages supérieurs de son tympan les sculptures les plus anciennes; on y voit une Vierge en majesté, hiératique, encensée par des anges en présence de l'évêque Maurice de Sully et du roi Louis VII, agenouillé. Le tympan et les voussures du portail central, plus haut et plus large que les autres, représentent le Jugement dernier avec, au sommet, le Christ dans sa gloire.

Au-dessus de ces portails se trouve la galerie des Rois, dont les 28 statues, figurant les rois de Juda et d'Israël, ancêtres du Christ, ont été reconstituées par Viollet-le-Duc. Plus haut, la grande rose, une des plus belles du XIIIe siècle et la plus grande de l'époque, est encadrée de deux baies, chacune formée de deux fenêtres sous un arc brisé. Plus haut encore, est une grande galerie, dont les fines arcades ouvragées sont surmontées par une balustrade ornée de chimères. Cette galerie relie les tours, percées, de chaque côté, de baies étroites qui allègent leur silhouette. Celle du sud contient le gros bourdon, qui pèse 13 t, donne le *fa* dièse et a pour nom Emmanuel depuis qu'il fut refondu sur ordre de Louis XIV.

Tout aussi intéressantes sont les façades latérales, qui jouent également avec les pleins et les vides. Côté sud, donnant sur le jardin privatif de l'Archevêché, le portail dédié au martyre de saint Étienne est un joyau iconographique. Tympan et voussures ont conservé leurs admirables sculptures d'époque où apparaît un étonnant souci de réalisme, dans les costumes comme dans les visages. Côté nord, la façade allie légèreté et puissance. Au-dessous d'une grande rose très ouvragée s'ouvre le portail du Cloître, qui servait à l'instruction des enfants passant dans la rue. Gables et pinacles allongent les lignes. Au tympan, des scènes de la vie de la Vierge et l'histoire du diacre Théophile. Au trumeau, une merveilleuse Vierge du XIIIe siècle, qui présentait à deux mains un enfant que la Révolution lui a arraché : cette statue est le seul vestige de la statuaire extérieure ancienne. À quelques pas de ce portail, la petite porte Rouge, jadis réservée aux chanoines, ornée de tiges d'églantines, présente le couronnement de la Vierge et la vie de saint Marcel.

L'île de la Cité, berceau de Paris

Au XIIe siècle, alors que s'élevait Notre-Dame, toute la vie de Paris se concentrait dans l'île de la Cité et ses abords. Si l'île Saint-Louis resta bucoliquement l'île aux Vaches jusqu'au XVIIe siècle (qui la couvrit d'élégants hôtels), les berges de la Seine vivaient déjà un dessin d'Hardouin-Mansart), débarrassée à la Révolution de tous ses ornements (hormis colonnes et fronton), s'abritait jadis un foisonnant décor baroque. Il en reste des bribes : le somptueux buffet d'orgues « rocaille », des statues (le *Christ au jardin des Oliviers*, par Falconet; la *Nativité* de Michel Anguier), des peintures (le *Godefroy de Bouillon* de Claude Vignon), et surtout la très curieuse perspective des trois chapelles emboîtées les unes dans les autres, dans le prolongement du chœur. La dernière fut restaurée sans grand bonheur au XIXᵉ siècle, mais on peut encore rêver devant les arcades corinthiennes et la profusion d'angelots de la chapelle de la Vierge, ainsi que devant le chandelier à sept branches et l'Arche d'alliance formant tabernacle

▲ *Avec son péristyle
et son fronton sculpté,
l'imposante « Madeleine »
a des allures de temple corinthien.*

*Au cœur du marché aux Fleurs,
l'une des cent petites fontaines
d'eau potable offertes, au siècle dernier,*
▼ *par le philanthrope anglais Richard Wallace.*

de la chapelle de la Communion.

La proximité des Tuileries et du Palais-Royal la faisait frayer avec la bonne société : Boucher s'y maria; Corneille, Le Nôtre, Diderot, Mᵐᵉ Geoffrin y sont enterrés. Mais le 13 vendémiaire an IV reste le jour le plus dramatique de ses annales : un détachement royaliste, massé sur ses marches, s'y fit exterminer par un régiment de la Convention, commandé par un certain Bonaparte.

On eut beaucoup de mal à mener à terme la construction de Saint-Roch : plusieurs fois interrompue faute de crédits, il fallut le geste très large de Law, en l'honneur de sa conversion au catholicisme, pour qu'enfin l'impulsion déterminante fût donnée.

On eut beaucoup plus de peine encore à se décider sur le style et le sort de *la Madeleine* (Sainte-Marie-→

intensément; ports au bois, au blé, au foin s'y succédaient. Et cette marchandise se vendait, s'achetait dans le centre de la Cité et sur la rive droite. Ces trafics nous ont légué le poétique *marché aux Fleurs*, ainsi que l'ancien « ventre de Paris » (les Halles).

Le centre de la Cité servit, en son temps, de *no man's land* entre les territoires de la royauté — ouverts à la justice et à la police — et ceux de l'Église — donc de l'Université. Le roi tenait l'ouest de l'île. Il logeait, siégeait, rendait justice dans une forteresse romaine, rafistolée et peu confortable, que Philippe le Bel transforma au XIVᵉ siècle en un « palais de merveilleux et coûtable œuvre, le plus très bel que nul en France oncques vit ». Ses grosses tours rondes, coiffées de poivrières, sont toujours là : c'est la *Conciergerie*.

L'Église s'était octroyé l'autre extrémité de l'île, du côté de l'amont. Elle se cantonna entre le flanc nord de Notre-Dame et la Seine, où elle créa la première « école de Paris ». C'est seulement au XVIIᵉ siècle que des laïques ont pu s'y glisser, au XIXᵉ que les portes qui l'isolaient du profane ont été démolies. Univers de ruelles enchevêtrées, où les chapelles alternaient avec les demeures des chanoines qui prenaient des « escholiers » en pension; Abélard y vécut son fol amour, Du Bellay y rima, et, par dérogation, tout un petit lot d'artisans y trimait. Pour retrouver cette atmosphère, il faut s'enfoncer dans les rues silencieuses qui ont pour noms rue des Chantres ou rue des Ursins, lever le nez vers une fenêtre à meneaux, contourner un angle ventru, éviter un décrochement. Et il faut demander à l'antiquaire de la rue des Ursins la clé de la discrète petite chapelle Saint-Aignan, rare témoin de l'architecture religieuse parisienne avant Notre-Dame. Ces rues sont les restes de l'ancienne Cité épargnés par le grand nettoyage d'Haussmann. Fut préservé aussi, derrière la Conciergerie, à la pointe aval de l'île, le triangle de maisons de brique rose et de pierre blanche, replié autour de ses marronniers, qu'est la place Dauphine, ainsi appelée parce que Henri IV la dédia au futur Louis XIII, et qui fut défigurée au siècle dernier par la destruction de son troisième côté au profit du monumental escalier du Palais de Justice.

Le reste de l'île de la Cité est désormais voué au style second Empire (Hôtel-Dieu, Préfecture de police), ou néo-gothique, comme les tentacules du Palais de Justice qui étouffent la Sainte-Chapelle. Heureusement demeurent les jardins. Celui du Vert-Galant, qui s'effile en proue au ras de l'eau et où les clochards, les hippies et les amoureux rêvent en regardant passer les péniches. Et l'autre qui surplombe la Seine en amont et s'enroule autour du chevet de Notre-Dame. Il unit la promenade implantée sur l'arasement du palais de l'Archevêché à l'ancienne « motte aux papelards », terrain jadis réservé aux habitants du cloître et interdit aux femmes : il en a gardé une certaine austérité.

Madeleine de son vrai nom). Avant que ne s'édifie cette surprenante contrefaçon de temple grec, dédiée par Napoléon à sa Grande Armée, en ce lieu d'où le regard embrasse l'animation des boulevards et l'harmonieuse perspective de la rue Royale débouchant sur la place de la Concorde, quelques ébauches de l'église furent sorties de terre, puis rasées parce que jugées non satisfaisantes. La Madeleine faillit être un double de Saint-Louis des Invalides, puis une copie du Panthéon, servir de bibliothèque, de Bourse, de banque sous la Révolution, être transformée en gare du premier chemin de fer en 1837, avant d'être consacrée en 1842. Sa vie antérieure est pratiquement le seul intérêt de cet énorme édifice, dont la colonnade de 52 fûts de 20 m de haut, la frise sculptée, le péristyle, le fronton magistral et l'immense perron servirent de brouillon au Palais-Bourbon, son exacte réplique, de l'autre côté de la place de la Concorde et de la Seine. ■

L'église des rois

Saint-Denis, devenue cathédrale en 1966, est surtout connue en tant que dernière demeure des rois de France. Dans sa crypte sont conservés, en effet, depuis leur restitution sous Louis XVIII, les restes de quelque huit cents représentants des différentes dynasties royales. Mais ils sont invisibles, car les seules reliques offertes à la vénération des foules sont celles de saint Rustique, saint Éleuthère et, bien entendu, saint Denis, le premier évêque de Lutèce.

▲ *Le croisillon nord de la basilique de Saint-Denis abrite notamment le mausolée de Louis XII et d'Anne de Bretagne.*

Chapelle basse de la Sainte-Chapelle : arcs-boutants et colonnes ont été revêtus de vives couleurs
▼ *au siècle dernier.*

La fine fleur du gothique

Après Notre-Dame, l'autre joyau de la Cité est sans conteste la *Sainte-Chapelle*. À son égard, on ne peut user que de superlatifs. Car cet édifice symbolise la réussite absolue du gothique : l'effacement de la pierre devant le vitrail. La pierre, on ne sait par quel miracle, n'apparaît qu'en contreforts étroits qui vont s'affinant vers le ciel, le long de ce vaisseau de verre très pur, où rien, ni chapelle ni transept — sauf la saillie d'un petit oratoire —, ne vient interrompre l'élan des hautes fenêtres en tiers point.

Et pourtant aucune fissure n'est jamais venue menacer cet équilibre. Élevée en moins de trois ans par Pierre de Montreuil pour abriter la couronne d'épines rachetée par Saint Louis à Baudouin de Constantinople, la Sainte-Chapelle, consacrée en 1248, a vieilli avec la désinvolture d'une grande dame. Si l'on excepte sa flèche, trois fois détruite — elle a été refaite en 1854 —, c'est le monument le moins restauré de Paris.

Dans l'éblouissement des rouges, des bleus, des violets profonds de la chapelle haute, on se demande comment cette châsse de verre de 15,50 m d'envolée a pu nous parvenir presque intacte. Peut-être les sacs de farine, puis les casiers des archives judiciaires qui l'ont à demi masquée de la Révolution à 1837 l'ont-ils protégée? Toujours est-il que, parmi les 1 134 miniatures qui, d'un dessin alerte, content la Bible, sur ses 618 m² de verrières, 720 figurent parmi les plus anciens vitraux de Paris. Et la restauration des autres au XIXᵉ siècle, sur des cartons de Steinheil, est remarquable de fidélité.

Une fois rassasié de ce chatoiement, on peut se pencher sur d'autres «détails», comme la tribune à baldaquin de bois qui abritait la relique, ou la chapelle basse, au-dessous, réservée aux serviteurs du palais. Celle-ci fut violemment repeinte en bleu frappé de lis dorés, mais ses voûtes ont l'originalité d'être soutenues seulement par des colonnettes, reliées aux murs par de légers arcs-boutants.

Les grands saints de la rive gauche

Si les premières écoles parisiennes ont vu le jour dans la Cité, au pied de Notre-Dame, l'Université s'implanta, grâce à Abélard, qui parvint à s'affranchir de la tutelle épiscopale, sur la montagne Sainte-Geneviève. Des collèges furent aménagés, dont la Sorbonne, qui abrita le siège de cette Université. À l'ombre de ce quartier des Écoles, deux petits sanctuaires, Saint-Séverin et Saint-Julien-le-Pauvre, ont connu l'animation écolière du Moyen Âge.

Ramassée sous un large parapluie de toits, entre le dédale de rues médiévales de la rive gauche et le cloître de son charnier — le seul encore debout (au moins en partie) à Paris —, *Saint-Séverin* est le modèle d'un gothique flamboyant assagi. Sa merveille : le pilier torse qui forme l'axe du déambulatoire et dont la spirale s'épanouit sous les voûtes en un bouquet d'élégantes nervures, qui retombent sur les piliers voisins pour en rejaillir en une symphonie géométrique.

L'évolution du gothique est plus claire ici qu'à Notre-Dame, parce qu'à l'inverse de la cathédrale on est parti, au XIIIᵉ siècle, d'une façade et d'un clocher romans pour aller vers le chœur, sans transept. Des piles rondes à chapiteaux précèdent, dans la nef, des piliers d'un seul jet, avant d'aboutir aux plus hautes arcades de l'abside. Celles-ci sont surmontées, non pas de tribunes, mais de baies en anse de panier du plus vieux triforium de Paris, au-dessous d'un étage de hautes fenêtres ajourées. Si l'église est plus large que haute, c'est que, faute de place, on n'a pu l'agrandir que latéralement, en doublant les bas-côtés, puis en leur adjoignant un mur continu de chapelles. Et si quelques piliers du chœur sont habillés de marbre, c'est que la Grande Mademoiselle a demandé à Le Brun de «moderniser» un peu l'ensemble.

Un coup d'œil, avant de sortir, aux gracieux vitraux de la fin du XVᵉ siècle — uniques à Paris — des premières travées, au lacis de feuillages du portail, provenant d'une chapelle démolie de la Cité, et au charnier où, Saint-Séverin étant devenue au XIVᵉ siècle la plus importante paroisse de l'Université, on expérimenta l'opération de la

n outre, cette basilique, où le
gothique naît du roman, d'une arche
à l'autre, dans la pierre blonde
couronnée de créneaux — signature
d'un Moyen Âge guerrier — est un
véritable musée de la sculpture
funéraire française à travers les
âges. Tombeaux vides et, plus
souvent, dalles funéraires, statues,
gisants, mausolées Renaissance,
elle en contient ainsi 79 : ceux de
Dagobert, Pépin le Bref, Saint
Louis, François Ier... ■

De par le Vexin français

À l'ouest de l'Oise se trouve un
pays de vallées profondes, de
champs de blé et de rares forêts,
dont Pontoise est la capitale. Tenu à
l'écart du conflit franco-anglais, le
Vexin français, de Meulan à

Vétheuil, possède des monuments
différents de ceux du Vexin
normand. Les châteaux-résidences
remplacent ici les forteresses
médiévales. Les églises y sont
remarquables.

Dans la vallée de l'Aubette, à
Vigny, un château construit sous
Louis XII. À *Montjavoult,* une belle
église Renaissance. C'est un château
XVIIe, construit sur les plans
d'Hardouin-Mansart, qui retient
l'intérêt à *Guiry,* où s'élève aussi
une église du XVIe siècle.

Mais les distances ne sont pas
grandes dans le Vexin français, et
nous voici à *Magny-en-Vexin,* calme
petite ville dont les anciens remparts
ont fait place à des promenades
ombragées. L'église du XVe siècle
possède un remarquable portail
flanqué d'un lanterneau et de fort
beaux fonts baptismaux. Plus loin,

vers La Roche-Guyon, le château de
Villarceaux — qui, hélas! ne se visite
pas — accueillit Mme de Maintenon
et Ninon de Lenclos, qui aima le
seigneur des lieux.

Puis *Ambleville :* une élégante
construction du XVIe siècle avec
d'étonnants jardins dessinés
récemment dans le style italien. Le
château d'Alincourt, lui, fut
commencé au XVe siècle. Tout près,
Parnes offre une église romane. Au
cimetière, un buste surmonte la
tombe d'Henri Monnier, le célèbre
humoriste du XIXe siècle.

Enfin, à *Vétheuil,* où nous
retrouvons la Seine, une collégiale
de la fin du XIIe siècle présente une
façade Renaissance. L'admirateur
des impressionnistes, avant toute
visite, se dirigera d'abord vers la
Seine et ses falaises, qui ont inspiré
Monet et Renoir. ■

Une promenade en Brie

À l'est de la capitale, entre le
Grand Morin et la Seine, la Brie
semble de prime abord ne présenter
qu'un mince attrait, avec des
paysages de cultures semés ici et là
de boqueteaux. Ces horizons
fertiles, où se plaisent le blé et la
betterave à sucre, offrent pourtant
quelques jolies forêts : forêt de
Sénart, vaste de 2 600 ha, plantée de
chênes, de bouleaux et de pins;
massifs forestiers de Champs, de
Grosbois, de Blandy, etc. Mais
l'intérêt de la région tient surtout à
son patrimoine artistique et plus
précisément à ses églises.

Jouarre est sur un coteau de la
vallée du Petit Morin. Son abbaye,
jadis renommée — de grandes dames
de France y furent abbesses

→

*Véritable châsse de verre,
aux admirables vitraux du XIIIe siècle,
la chapelle haute de la Sainte-Chapelle
▼ et sa tribune à baldaquin de bois.*

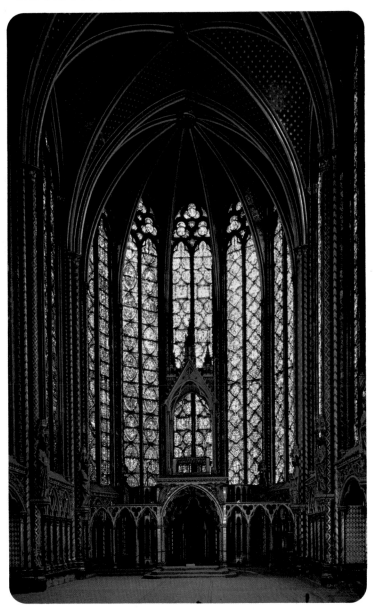

pierre sur un condamné à mort à qui Louis XI avait promis la vie
sauve s'il en réchappait — il en réchappa.

C'est dans la petite église Saint-Julien-le-Pauvre que l'Université
tint ses assemblées trois siècles durant. Ce sanctuaire avait été
construit, en même temps que Notre-Dame, au bord de la voie
romaine Lutèce-Orléans, par les religieux de l'abbaye de Longpont.
Les chahuts répétés des étudiants — dont firent partie Villon,
Rabelais, Ronsard — la firent fermer aux réunions «intellectuelles».
Aujourd'hui, avec sa courette et son puits, à l'orée des rues
tortueuses du vieux Paris, avec son faux acacia, qui date d'Henri IV,
et son square face à la cathédrale, l'église a gardé un air campagnard
qui séduit peintres et poètes. L'intérieur, désormais consacré au culte
catholique grec, dépayse avec ses odeurs d'encens et son iconostase.

À l'ouest du quartier universitaire du Moyen Âge s'élevait, depuis
le VIIIe siècle, une puissante abbaye bénédictine : *Saint-Germain-des-
Prés.* Celle-ci poursuivit d'importants travaux d'érudition jusqu'à la
Révolution, qui pilla les tombeaux, dispersa mobilier et trésors,
incendia la remarquable bibliothèque, dont heureusement la plupart
des manuscrits parvinrent à la Bibliothèque nationale, et substitua au
culte une fabrique de salpêtre — l'église en souffrit tant qu'il fallut
abattre deux de ses tours. Aujourd'hui ne subsistent, dans la rue de
l'Abbaye, que la façade du réfectoire et le palais abbatial, élevé en
1586, mais étonnamment en avance sur son époque Renaissance; la
brique, la pierre blanche et les fenêtres à meneaux sortent enfin de la
grisaille, grâce à une restauration bien menée.

Quant à l'église, on remarque sa tour carrée, massive, qu'on
imaginerait mieux campée sur une église trapue du Midi que coincée
entre l'arrondi d'un presbytère XVIIIe et un jardin minuscule où gisent
les ruines d'une chapelle gothique, au cœur du Paris des noctambules.
C'est une des tours les plus anciennes de France; elle a plus de mille
ans. Percée d'un porche lisse, sans aucune fioriture hormis de fines
colonnettes (du gothique du XVIIe s. plaqué sur du roman), surmonté
de courtes arcades en berceaux (XIIe s.) et d'une flèche à peine
centenaire, elle tient lieu à la fois de clocher et de façade. On a
découvert récemment dans un petit sanctuaire mérovingien, à
l'entrée, des sarcophages décorés. Ceux-ci doivent provenir, comme
les colonnettes utilisées pour le triforium, du premier monastère édifié
en ces lieux par Childebert, fils de Clovis.

Le reste de l'église a subi bien des remaniements, mais les ciselures
des chapiteaux romans du chœur sont remarquables. On aperçoit, par
échappées entre les maisons de la rue de l'Abbaye ou les marronniers
du boulevard Saint-Germain et de l'ex-cimetière des moines, deux
tours carrées, tronquées à ras des toits, aux angles du transept, des
arcs-boutants gothiques, d'inattendues volutes classiques pour «sou-
tenir» la toiture du croisillon nord.

bénédictines —, n'a gardé de sa vieille église romane qu'une tour où sont aujourd'hui organisées des expositions. Le monastère date en grande partie du XVIIIᵉ siècle. Son principal intérêt est la crypte, fort ancienne puisqu'elle remonte au VIIᵉ siècle. Sorte de nécropole creusée pour abriter le corps de la famille des fondateurs de l'abbaye de Jouarre, elle compte trois nefs délimitées par des colonnes aux chapiteaux de marbre très ouvragés. On y voit les tombeaux des premières abbesses. Une autre crypte, de même époque, la jouxte; saint Ébrégisile, évêque de Meaux, y repose.

Meaux n'est pas loin. Sise sur un méandre de la Marne, cette cité, dont le nom reste attaché à celui de Bossuet, qui y fut évêque (l'« Aigle de Meaux »), mérite visite pour sa

▲ *Dominant la verdure,*
la ville haute de Provins
avec l'église Saint-Quiriace
et la médiévale tour de César.

L'église Saint-Germain-des-Prés,
la plus vieille de Paris,
avec sa massive tour,
▼ *en grande partie romane.*

La Renaissance à Paris

Le succès du gothique fut tel à Paris qu'il se prolongea jusqu'à ce que les grandes architectures classiques réussissent à le supplanter. La Renaissance ne s'est presque pas manifestée, sauf à Saint-Eustache, où elle paraît maladroite parce que mal adaptée à cet immense berceau qui appelait le dépouillement, et à Saint-Étienne-du-Mont, où elle triomphe — mais la construction du sanctuaire est antérieure.

Quand la paroisse des Halles décida, au XVIᵉ siècle, d'harmoniser son lieu de culte avec sa situation sociale, fort importante, elle prit modèle sur Notre-Dame pour la taille, le plan et le style de base, que l'on mettrait au goût du jour. On s'attela au travail avec une certaine nonchalance, puisque la dernière touche y fut mise seulement en 1640. Il semble que ce manque d'entrain se soit répercuté dans le produit achevé : d'une unité remarquable, *Saint-Eustache* a pourtant quelque chose de bâtard, qu'accentue, sous la tour inachevée où Chappe installa son télégraphe Paris-Strasbourg, l'épaisse colonnade de la façade du XVIIIᵉ siècle. Le gothique y est lourd (les roses sont raides, les contreforts sans grâce) ou chargé (jeu compliqué des nervures et clefs pendantes aux voûtes). L'art de la Renaissance a été mal exploité. Les bas-côtés, hauts comme des cathédrales et éclairés par d'immenses fenêtres, réduisent les tribunes à une balustrade étriquée, au-dessus des arcades en plein cintre, et pilastres, entablements, corniches n'allègent pas l'ensemble. Mais cette église a beaucoup vécu et vit encore. Jadis par le beau monde qui la fréquentait : Richelieu, Molière et la future Pompadour y furent baptisés; Louis XIV y fit sa première communion; Colbert y est enterré, aux côtés de Voiture et Rameau. Aujourd'hui par sa manécanterie, ses concerts. Et, bien que ses gargouilles soient soutenues par des tuteurs de fer, on redoute pour elle les répercussions des travaux effectués au fond du fameux «trou» des Halles — travaux qui ont néanmoins l'avantage de dégager son flanc sud.

L'exquise élégance de *Saint-Étienne-du-Mont* et son absence de prétention donnent une échelle plus humaine à la place qu'écrase le Panthéon. Il faut prendre le temps d'examiner sa façade Renaissance à trois étages en retrait, où, au-dessus d'un fronton triangulaire, au cœur d'un foisonnement de frises et de guirlandes, sous l'envolée du clocher-lanterne, se déploie une rose gothique. Il faut aussi admirer cette tourelle d'angle, chapeautée pointu, qui tire l'ensemble en biais vers l'arrière, comme pour accompagner la rue de la Montagne-Sainte-Geneviève dégringolant vers la Seine. C'est là un des rares souvenirs — avec le presbytère XVIIIᵉ, derrière l'église, et la tour carrée de Clovis, qui dépasse des toits du lycée Henri IV — de la célèbre abbaye Sainte-Geneviève. Contre le flanc de l'église du couvent fut bâtie Saint-Étienne; l'abbatiale fut ensuite démolie sous cathédrale Saint-Étienne, où se lit toute l'histoire du gothique : une façade flamboyante, une autre façade (croisillon) rayonnante, un vaisseau en partie flamboyant, en partie gothique primitif, un chœur de style rayonnant... Sobriété et foisonnement s'y côtoient en parfaite harmonie. Quant au souvenir de Bossuet, on le retrouve dans le sanctuaire où il est enterré sous une dalle de marbre noir, dans l'ancien évêché voisin (XIIe-XVIIe s.) où un musée lui est consacré, ainsi que dans le petit jardin, dessiné par Le Nôtre, où il aimait à se promener.

Rampillon possède une église du XIIIe siècle, autrefois rattachée à une commanderie des Templiers. juchée sur un promontoire, *Saint-Loup-de-Naud* s'énorgueillit d'un des plus anciens sanctuaires de l'Île-de-

▲ *Au cœur du quartier des Halles, Saint-Eustache : une sévère façade ouest du XVIIIe siècle, une délicate façade sud Renaissance, et un campanile qui a perdu sa flèche.*

France : sa construction débuta au XIe siècle. Le joyau en est le portail, qui rappelle le portail Royal de Chartres.

Non loin, *Provins* est encore protégée par ses remparts médiévaux. Cette ville, dont les foires firent la célébrité et qui fut fief d'Edmond de Lancastre, frère du roi d'Angleterre, a conservé bien des vestiges de son passé : des portes, un donjon, une grange aux Dîmes, la maison du bourreau, de vieux hôtels. Tout un cadre qui laisse imaginer ce qu'elle fut en son âge d'or. Des églises aussi : Saint-Quiriace, élevée au XIIe siècle, surmontée d'une coupole au XVIIe; Saint-Ayoul (XIIIe-XVIe s.), où il faut admirer les deux anges musiciens en albâtre (XVIe s.) exposés dans le baptistère; Sainte-Croix, bâtie pour abriter un fragment de la Croix. ■

La façade originale de Saint-Étienne-du-Mont, aux trois frontons superposés
▼ *et au clocher élancé.*

l'Empire pour le percement de la rue Clovis. Mais l'intérêt essentiel de la visite n'est pas là. Pas plus que dans la balustrade qui court au-dessus des arcades de la nef, en s'arrondissant en corbeilles devant les piliers, et où l'on suspendait des tapisseries. Pas plus que dans la gamme des clairs et gais vitraux des XVIe et XVIIe siècles, qui jouent avec la lumière au long des bas-côtés et des galeries dites « des Charniers », autour de l'abside. Pas plus que dans la vénération de sainte Geneviève, que l'on mesure à la lueur des cierges qui se reflètent sur les cuivres XIXe de sa châsse. Mais bien dans le jubé, unique dans la capitale (on a « expulsé » tous les autres au XVIIIe siècle) : un ruban de dentelle de pierre, enroulé autour d'un pilier et jeté en travers de la nef vers le pilier d'en face, autour duquel il se laisse glisser en spirale jusqu'à terre.

Du classicisme au Sacré-Cœur

Le 24 juillet 1616, Louis XIII posait la première pierre de ce qui fut la première façade « classique » de Paris, quoiqu'elle cloturât un corps de bâtiment encore gothique. C'est ainsi que *Saint-Gervais-et-Saint-Protais* prit une double personnalité. Sur la place sans vie et sans âme située derrière l'Hôtel de Ville, où s'étiole un orme sous lequel on rendait autrefois la justice, Saint-Gervais-et-Saint-Protais présente une sage façade où s'annonce un retour aux sources antiques, avec fronton triangulaire, niches en coupoles où s'abritent des statues, trois étages de colonnes où se superposent des chapiteaux doriques, ioniques et corinthiens. Mais, quand on a fait le tour du pâté de maisons (occupé en partie par les compagnons du Devoir), qu'on a aperçu, à la faveur d'un porche XVIIe, des fragments d'arches d'un ancien charnier, qu'on a plongé dans les rues étroites et pavées du Marais, alors on découvre un chevet typiquement flamboyant : de sveltes arcs-boutants en ligne brisée, soutenus par des arcatures hautes et fines comme des cordes de harpe, et appuyés sur des culées piquées de pinacles.

À l'intérieur, curieux mélange aussi. Une nef haute, vide, dégagée par l'absence de chapiteaux, claire avec ses vitraux du XVIIe siècle feuillus et fleuris de tons vifs. Des tribunes Renaissance réservées aux bras du transept, des petites chapelles latérales, dont celle, aux boiseries peintes (XVIIe s.), dite « de Scarron » (qui repose effectivement ici), un orgue daté de 1759, qui a le double mérite d'être intact et d'avoir été tenu par les Couperin pères et fils... Et soudain, derrière le chœur, une chapelle basse qui trouble d'abord par la crudité de ses couleurs « restituées », ensuite par la colossale clef de voûte en couronne, faite de pierre dorée, qui, suspendue à près de 2 m, semble aspirer la voûte.

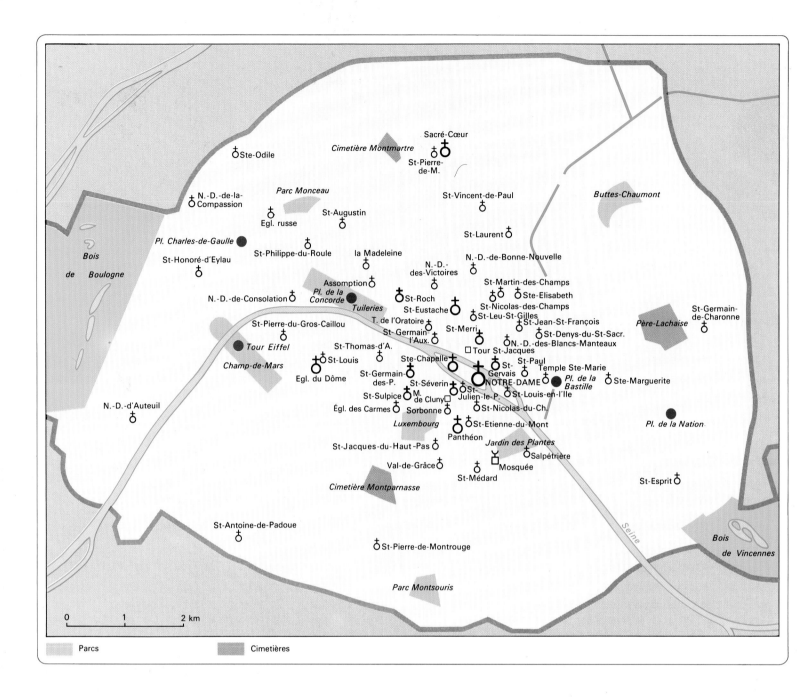

Si Saint-Gervais-et-Saint-Protais eut des relations mondaines — Mᵐᵉ de Sévigné s'y maria, Philippe de Champaigne, Crébillon y sont inhumés —, elle connut aussi un jour de grand deuil quand, le 29 mars 1918, pendant la messe du vendredi saint, un obus de la grosse Bertha défonça la voûte de la nef, faisant plus de deux cents victimes, dont cinquante et un morts.

À ce classicisme, marqué par la rigueur antique, se rattachent bien d'autres églises, dont les plus connues sont le Dôme des Invalides, l'église du Val-de-Grâce, l'église Saint-Paul-Saint-Louis et la chapelle Saint-Joseph-des-Carmes, cette dernière étant surtout intéressante par les tristes souvenirs des massacres de la Terreur.

Après cette floraison, l'art religieux semble avoir été à bout de souffle. Certes, on bâtit encore des sanctuaires, mais on n'innove plus; on s'inspire des époques révolues. Ainsi la Madeleine, qui évoque un temple grec, et la basilique du Sacré-Cœur, juchée sur la colline de Montmartre, qui emprunte sa conception à l'église à coupoles Saint-Front de Périgueux. Si son architecture imposante ne présente qu'un intérêt historique (le sanctuaire fut élevé après le désastre de 1870 à la suite d'une souscription nationale), sa blanche silhouette est maintenant indissociable du paysage parisien, tout comme la tour Eiffel.

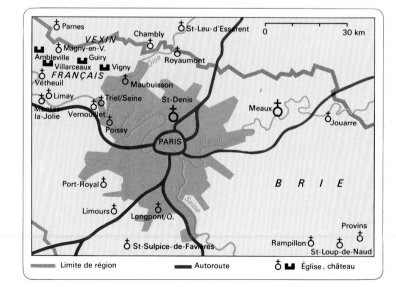

◄ *Fermant la façade occidentale du Louvre,*
l'arc de triomphe du Carrousel,
copie d'un monument romain.

▲ *Derrière la fragile architecture*
métallique du pont des Arts,
la galerie du Bord-de-l'Eau.

*A*grandi, enjolivé, modifié par chacun des souverains qui l'occupèrent et voulurent doter
la capitale d'un palais digne de leur personne et de leur règne,
le Louvre abrite aujourd'hui l'un des musées les plus riches du monde.

*Au sein de la somptueuse décoration
dont Jean Goujon para l'aile Lescot,
le chiffre d'Henri II,
qui en date la construction.*

*Le style de la colonnade de Perrault, ▶
qui a fait école,
contraste avec le reste du palais.*

*De gracieuses statues garnissent
les niches de l'aile nord,
élevée par Le Vau pour Louis XIV.*
▼

*Cœur du Vieux Louvre, la cour Carrée,
commencée sous François Ier dans le style Renaissance,
fut complétée extérieurement,
au XVIIe siècle,
par une imposante colonnade classique.*

*À droite du pavillon de l'Horloge,
l'aile édifiée par Lemercier
est une réplique fidèle
de celle de Pierre Lescot.*
▼

▲ *Bordant les parterres du Carrousel,*
le pavillon de Rohan,
qui date de Louis XVIII et, à gauche,
l'aile reconstruite après la Commune.

Encadrés par le Nouveau Louvre, le square
et les jardins du Carrousel ont remplacé
le quartier populeux qui séparait jadis
le Vieux Louvre du palais des Tuileries,
somptueuse résidence élevée par Catherine de Médic
et incendiée par la Commune.

◄ *Sculptées par Jean Goujon,*
les statues monumentales de la salle des Caryatides
soutiennent la comparaison avec les chefs-d'œuvre
de l'art grec qui leur tiennent compagnie.

▲ Côté jardin,
le pavillon de Sully
(ou de l'Horloge),
qui fait communiquer
la cour Carrée
avec le Nouveau Louvre.

◄ Au milieu de l'aile sud
du Nouveau Louvre,
le pavillon des États,
dans lequel Michel-Ange
voisine avec Rubens.

Précédé
d'une immense esplanade,
dominé par une élégante
coupole dorée,
l'hôtel des Invalides,
édifié par Louis XIV
pour loger les vétérans
de ses armées,
fait partie
d'un des plus beaux
ensembles monumentaux
de la capitale.

La fantaisie « Belle Époque » ▶
du pont Alexandre-III
forme un plaisant contraste
avec la rigueur classique
de l'hôtel des Invalides.

Chef-d'œuvre de ▶▶
Hardouin-Mansart,
l'architecte du Roi-Soleil,
le Dôme des Invalides
abrite maintenant
les cendres de l'Empereur.

Double page suivante :
Devant la façade
de l'hôtel des Invalides,
devenu musée de l'Armée,
la parade des canons de bronze
du temps passé.

8. Palais de la capitale

▲ *Étrave de l'île de la Cité,*
la pointe du Vert-Galant
fend les eaux de la Seine
devant le quai du Louvre.

Si l'on se range à l'opinion de
Napoléon Iᵉʳ, selon laquelle « il n'y a rien de beau que ce qui est
grand; l'étendue et l'immensité peuvent faire oublier bien des
défauts », alors l'ancien palais des rois de France fut le plus beau du
monde durant les quatorze années qui séparèrent son achèvement par
un empereur (Napoléon III) de l'écroulement, dans la flambée de la
Commune, du palais des Tuileries qui le clôturait vers l'ouest.

Depuis Philippe Auguste, chacun de ses occupants y avait ajouté sa
pierre sans parvenir à le terminer. Et c'est ainsi que s'étire, entre la
Seine et les arcades de la rue de Rivoli, cet édifice sublime et
disparate qu'est le Louvre, ouvert sur la spectaculaire perspective
du jardin des Tuileries, de l'obélisque de la Concorde, des Champs-
Élysées et de l'Arc de triomphe.

Promenade autour du Louvre

Quand on l'aborde par le quai que domine la longue et blanche
terrasse des Tuileries, le Louvre se signale, au-dessus des frondaisons, par le toit en trapèze, encadré de hautes cheminées ouvragées,
du pavillon de Flore, c'est-à-dire par ce qu'il a de moins authentique :
le pavillon de Flore faisait, à l'origine, partie du palais des Tuileries,
et le bâtiment actuel n'est qu'une copie de celui qui avait été élevé
sous Henri IV. Tout comme son vis-à-vis, le pavillon de Marsan, est
une copie de celui qui avait été bâti par Louis XIV. Copies
minutieusement réalisées, d'ailleurs, à la fin du siècle dernier, pour
obstruer les ailes du Louvre qui, après la destruction des Tuileries,
débouchaient sur le vide.

Le pavillon de Flore est suivi par une très longue façade (elle
mesure 470 m!), percée en son mitan par les fameux « guichets » dont
l'étroitesse étrangle la circulation. C'est probablement l'aspect du
Louvre que les Parisiens connaissent le mieux, mais, vue de si près,
l'architecture raffinée de Métezeau n'est guère mise en valeur. C'est
de la rive gauche que l'on apprécie pleinement l'élégance du feston
que dessinent, au-dessus du feuillage léger des platanes, les frontons
tour à tour triangulaires et cintrés, intercalés de lucarnes ovales.
Pourtant, il ne s'agit pas encore là du « vrai » Louvre, mais seulement
de la Grande Galerie que Catherine de Médicis décida de faire
construire entre le Louvre, où régnait son fils Charles IX, et le palais
des Tuileries, où elle comptait finir ses jours.

C'est au décrochement du maigrichon jardin de l'Infante — ainsi
nommé parce qu'une petite fille d'Espagne, fiancée à un futur
Louis XV de douze ans et demi, y joua pendant quelques mois — que
commence véritablement le palais des rois. La façade, avec ses
pilastres plats surmontés d'une balustrade à l'italienne, est d'une

sobriété classique. Passé le coin, elle oppose au porche flamboyant de
l'église Saint-Germain-l'Auxerrois la majesté d'un péristyle de
colonnes corinthiennes, couronné d'un large fronton triangulaire, la
célèbre colonnade de Perrault, commandée par Louis XIV et très
controversée : les uns la considèrent comme un placage sans rapport
avec l'ensemble de l'édifice, les autres y voient le chef-d'œuvre du
Louvre, surtout depuis que des fossés (prévus par l'architecte, mais
non réalisés à l'époque) ont mis en valeur l'harmonieux équilibre de
ses proportions.

La façade nord, sur la rue de Rivoli, a les lignes lourdes, les
caryatides robustes et les lucarnes pesantes d'un style second Empire
empâté. Entre les guichets — ouverts, comme leurs pendants de la
Grande Galerie, au XIXᵉ siècle — et le pavillon de Marsan, la pierre
est lisse, rehaussée seulement d'une double brochette de maréchaux
d'Empire : cette aile, qui flanquait en retour d'équerre le palais des
Tuileries et qui abrite aujourd'hui le musée des Arts décoratifs, est
due à Napoléon Iᵉʳ.

Depuis que le palais des Tuileries a disparu, l'immense cour
intérieure du Louvre s'ouvre largement vers l'ouest. Au centre,
entouré de pelouses que peuplent les statues de bronze de Maillol, se
dresse l'arc de triomphe du Carrousel, que Napoléon Iᵉʳ fit édifier
dans le style antique qu'il affectionnait. Copié sur celui de Septime
Sévère, à Rome, il est orné de colonnes et de statues de marbre. Au
sommet, un quadrige en bronze de Bosio a remplacé les chevaux de
Saint-Marc de Venise, rapportés en France par l'Empereur et
récupérés par les Autrichiens après la chute de l'Empire.

Le pavillon de l'Horloge sert de toile de fond à ce décor grandiose
et, à bien l'examiner, assez disparate et quelque peu de guingois... Au
premier plan, le pavillon de Flore (à droite) et le pavillon de Marsan (à
gauche) sont suivis de deux ravissantes façades de style Renaissance,
parées de fines sculptures. En bordure du toit, des pots à feu séparent
les cintres des frontons. L'aile de droite, construite par Métezeau
sous Henri IV et détruite jusqu'aux guichets par l'incendie des
Tuileries, a été rebâtie à la fin du XIXᵉ siècle; celle de gauche — la
plus jolie — est une copie très fidèle, exécutée sous Napoléon Iᵉʳ, de
la façade de Métezeau, qui lui faisait alors face.

Leur succèdent les deux corps de bâtiments qui enjambent les
guichets. Celui de gauche, décoré de pilastres plats de style Empire, a
été bâti par Percier et Fontaine... sous Louis XVIII. Son pendant est
d'une aussi élégante simplicité... mais les sobres frontons triangulaires
de ses fenêtres et la rangée de statues qui orne la balustrade du toit
datent d'Henri IV. Seule modification : la verrière ouverte au
XIXᵉ siècle pour donner du jour aux collections du musée.

Au-delà des guichets, la saillie de deux énormes constructions
mange une bonne partie de la cour et, par la même occasion, de la

L'Institut et la Monnaie

Mazarin, en mourant, légua une partie de son immense fortune pour faire construire en face du Louvre, sur la rive gauche, à l'endroit où s'élevait jadis la fameuse tour de Nesle, un «collège des Quatre-Nations», destiné aux étudiants venant des pays nouvellement rattachés à la France (Piémont, Artois, Alsace et Roussillon). L'architecte Le Vau, qui venait de faire ses preuves avec la cour Carrée, édifia des bâtiments dont la façade en hémicycle, flanquée de deux pavillons carrés et dominée par la célèbre «coupole» striée d'or, est, avec ses charmantes fenêtres à petits carreaux et les somptueux pots à feu qui rythment le bord de sa toiture, l'un des sommets de l'architecture parisienne. En 1790, le collège ferma

ses portes. Napoléon y installa l'*Institut de France* (composé de cinq académies, dont la plus connue est l'Académie française, fondée par Richelieu), primitivement logé au Louvre. La chapelle, qui abrite le tombeau de Mazarin et qui, curieusement, s'ouvre directement sur le quai, devint «salle des séances solennelles». Les 500 000 volumes, 5 800 manuscrits et 1 500 incunables que le cardinal avait légués au collège sont toujours là et forment la bibliothèque Mazarine.

Voisin de l'Institut, l'*hôtel des Monnaies* occupe l'emplacement de l'ancien hôtel de Nesle, auquel avaient succédé les hôtels de Nevers, de Guénégaud et enfin de Conti. Louis XV, à la fin de son règne, commanda le bâtiment actuel à Antoine pour y loger la «Monnaie des espèces» (la «Monnaie des

▲ *C'est sous la coupole à lanternon de l'Institut que l'Académie française tient ses séances solennelles.*

Le pavillon de l'Horloge, construit sous Louis XIII,
▼ *est orné de caryatides.*

ravissante façade Renaissance du pavillon de l'Horloge qui la clôt. Ces deux bâtiments, dus à Napoléon III, se veulent du même style, mais ce qui est subtilité de proportions, légèreté de lignes et sobriété sous la Renaissance s'empâte et se boursoufle au second Empire : élargissement des baies, accumulation de statues épaisses, de caryatides massives, d'angelots, de grappes, de masques, de volutes, d'énormes cheminées sur de hautes toitures qui étouffent le tout... Pourtant, seule la partie sud de la façade du pavillon de l'Horloge, dite «aile Lescot» en hommage à celui qui l'a bâtie, est de pure souche. Le pavillon central et l'aile nord n'en sont que la simple prolongation, édifiée sous Louis XIII, mais avec quel respect!

La cour Carrée, triomphe du travail d'équipe

Le pavillon de l'Horloge donne accès à la cour Carrée, mais il est préférable d'aborder celle-ci par la porte de la colonnade de Perrault, c'est-à-dire par l'entrée principale du palais depuis Louis XIV, lequel savait ménager ses effets. Ce que l'on découvre ainsi est un ravissement pour les yeux : une façade Renaissance d'un tel équilibre, d'une telle justesse de choix dans la profusion de l'ornementation, d'une telle habileté d'exécution que l'on a peine à croire qu'il s'agit là de la première ébauche parisienne de ce style venu d'Italie *via* les châteaux de la Loire.

C'est à une toute jeune équipe que François Ier confia en 1546, un an avant sa mort, le soin de mettre à la mode la vieille forteresse étriquée, bâtie en 1200 par Philippe Auguste. Pierre Lescot, l'architecte, avait trente-six ans; Jean Goujon, le sculpteur, trente et un. Leurs génies allaient se compléter durant trente-deux ans de collaboration.

Débarrassé depuis une vingtaine d'années de son encombrant donjon central, le Louvre n'était plus qu'un bastion carré, renforcé de tours (on en voit le tracé sur le pavage de la cour Carrée, dont il ne couvrait que le quart sud-ouest). Lescot s'attaqua à la façade la plus en vue, celle de l'ouest. Il la jeta bas et éleva, sur ses fondations, le chef-d'œuvre qui constitue aujourd'hui la moitié gauche du corps de logis que nous contemplons.

Henri II, Charles IX, Henri III et Henri IV firent poursuivre l'entreprise sur l'aile qui longe la Seine, en signant chaque fois de leur chiffre leur contribution, mais sans toucher aux dimensions originales du château : 80 m de côté à l'extérieur, moins de 50 dans la cour.

C'est Louis XIII qui, lassé d'étouffer dans ce Louvre étriqué, décida de quadrupler sa surface. L'architecte Lemercier démolit les deux ailes gothiques : il remplaça la tour de la Librairie royale, sur

▲ *Les Champs-Élysées font partie
de la « Voie triomphale »
qui mène du Louvre à l'arc de triomphe de l'Étoile,
symbole de l'épopée napoléonienne.*

médailles » rejoignit celle-ci au XIXᵉ siècle).

L'architecte, jusqu'alors inconnu, devint célèbre en édifiant un chef-d'œuvre de sobriété qui est la première manifestation importante du style Louis XVI : les six statues, les six colonnes et les cinq arcades de l'avant-corps suffisent à décorer les 117 m de la façade, derrière laquelle se cache le musée de la Monnaie. ■

Quand l'Arc de triomphe était en toile peinte

C'est au lendemain d'Austerlitz que Napoléon décida de faire édifier l'arc de triomphe de l'Étoile, mais la construction du monument ne progressa pas à la façon fulgurante des armées qu'il magnifiait. Chalgrin s'était inspiré de l'arc de Constantin mais en multipliant ses dimensions, et le colossal édifice — 50 m de haut, 45 m de large — nécessita des fondations importantes, le sol étant fragile. Quand Marie-Louise fit son entrée dans Paris en 1810, rien n'était encore sorti de terre, et l'impératrice passa sous un décor de toile peinte, tendu sur des échafaudages... Il fallut attendre Thiers pour que Rude, Etex et Cortot reçoivent commande des hauts-reliefs qui décorent les pieds solides, enserrant une arche haute, sous un front plein, ceint d'une frise guerrière et couronné d'une corniche et d'un diadème de médaillons. Mais, lorsque défila sous l'arche, le 15 décembre 1840, le char portant les cendres de l'Empereur, retour de Sainte-Hélène, l'œuvre magistrale était terminée. Ce dernier adieu

laquelle s'appuyait, au nord, l'aile Lescot, par un pavillon central (devenu le pavillon de l'Horloge sous la Restauration), et il édifia, dans le prolongement de celui-ci, le pendant de l'aile Lescot.

Louis XIV chargea Le Vau de terminer ce nouveau carré si bien commencé, toujours dans le même esprit, mais adapté au goût plus dépouillé de l'époque. Une nouvelle entrée fut ouverte face à Saint-Germain-l'Auxerrois, dans l'axe du pavillon de l'Horloge, et le roi confia la parure de la façade extérieure à Perrault, le frère du conteur, qui connut la gloire avec sa colonnade. Le Louvre carré était achevé... ou presque. Louis XIV, qui n'avait jamais aimé Paris, laissa les travaux en plan dès que Versailles fut habitable. Napoléon Iᵉʳ fit achever le second étage et les toitures, mais n'y habita pas. Le Louvre carré n'abrita plus, désormais, que des souvenirs du passé : les collections du musée, ce qui restait du mobilier d'époque étant regroupé dans les salles de la Colonnade, où n'a jamais vécu le moindre membre d'une famille régnante.

Les trésors du musée du Louvre

Le 27 juillet 1793, la Grande Galerie fut officiellement consacrée à un « musée de la République ». Sous l'Empire, Percier et Fontaine y apportèrent les aménagements nécessaires, et Lefuel en reconstitua la partie ouest après l'incendie de la Commune.

Commencées avec les tableaux et les œuvres d'art prélevés dans les maisons royales, les collections du musée s'accrurent rapidement lorsque les campagnes de Napoléon (à commencer par celle d'Égypte, que suivait une expédition archéologique) drainèrent vers lui des trésors venus d'un peu partout (Louis XVIII restitua une partie de ceux-ci à leurs propriétaires légitimes). Épargné par les différentes révolutions, le musée déborda bientôt de son cadre. En 1933, encore enrichi par des acquisitions et des donations diverses, il emplissait 225 salles du Louvre de 173 000 objets, sans compter tout ce qui sommeille dans les réserves du sous-sol, faute de place. Des travaux sont en cours. Leur but est d'augmenter le nombre des salles d'exposition et de les réorganiser, ce dont on ne peut que se féliciter, car elles permettront peut-être une meilleure disposition des œuvres (en réunissant, par exemple, les peintres flamands et hollandais, actuellement séparés).

Le Louvre a ses grandes vedettes : la *Victoire de Samothrace*, la *Vénus de Milo*, le *Scribe accroupi*, « notre » morceau du Parthénon et, bien sûr, la *Joconde*. Mais se limiter à ces chefs-d'œuvre, c'est se montrer fort injuste envers les autres richesses du musée, qui sont immenses.

Les collections sont actuellement réparties en six départements :

— les antiquités égyptiennes, logées dans l'ancien appartement des Reines mères, et dont l'essentiel provient de l'expédition de Champollion, en 1798 (sarcophages, statues du Moyen Empire, momies, mobilier funéraire, etc.);
— les antiquités grecques et romaines, qui occupent les appartements du Roi et de la Reine (répliques antiques des statues de Phidias et de Praxitèle, portraits du Fayoum);
— les antiquités orientales (code d'Hammourabi, frise des Archers et des Lions, sarcophage d'Eshmunazar, taureaux ailés assyriens);
— les sculptures du Moyen Âge, de la Renaissance et des Temps modernes (jubé de la cathédrale de Bourges, *Diane* de Jean Goujon, *Esclaves* de Michel-Ange, *Nymphe* de Benvenuto Cellini);
— les objets d'art : ils sont dans la galerie d'Apollon, le premier étage de l'aile, dite Petite Galerie, qui relie le Louvre carré à la Grande Galerie; cette galerie est une des plus belles d'Europe par ses dimensions (61 m × 9,50 m) et sa décoration (par Le Vau et Lebrun, sous Louis XIV) que couronne, au plafond, un *Apollon vainqueur du serpent Python* peint par Delacroix; les ors des murs pâlissent pourtant devant l'éclat des gemmes, reliques des joyaux de la couronne de France, des trésors de l'ordre du Saint-Esprit et des ornements du sacre; la magnifique épée de Charles X vient d'être victime d'un vol, mais les 137 carats du *Régent* scintillent toujours;
— les peintures et dessins, qui ont, de loin, la part la plus belle.

Il est impossible de faire un choix dans cette prestigieuse accumulation de richesses; signalons seulement l'école de Fontainebleau (et Clouet) dans le salon Carré, pour retrouver l'ambiance qui régnait au Louvre sous François Iᵉʳ; les toiles de Le Nain, de Poussin et de La Tour, qui voisinent dans la Grande Galerie, où est regroupée la peinture française du XVIIᵉ et du XVIIIᵉ siècle.

Le Quattrocento italien est exposé dans la suite de la Grande Galerie, réaménagée en 1969 avec des stores devant les fenêtres, ce qui fait ressortir la finesse de tons des Giotto, des Fra Angelico, des Bellini, propriété, pour la plupart, de François Iᵉʳ, de Richelieu, de Mazarin et de Louis XIV. Le public ignore superbement la fin de la galerie. Quelle erreur! Passé la galerie Médicis, dont les 21 Rubens furent commandés pour orner le palais du Luxembourg, voici le pavillon de Flore, consacré à l'école espagnole, où une excellente mise en valeur des toiles les unes par les autres oppose la paisible Vierge de Murillo à la cruauté du portrait de la reine Marie-Anne d'Autriche par Vélasquez, et où la décoration, remarquable de sobriété et d'élégance, fait redécouvrir la splendeur du Greco. Quand nous aurons mentionné les salles Molien et Daru, sur la grande cour, où sont exposés les peintres français du XIXᵉ siècle (Delacroix, Gros), nous aurons terminé ce très bref survol des collections d'un musée dont la visite approfondie demande plusieurs jours.

devint un rite émouvant, auquel
urent droit Gambetta, Victor Hugo,
Foch, Joffre, de Lattre de Tassigny.
Et, depuis le 11 novembre 1920, un
mort non identifié de la Première
Guerre mondiale repose sous la dalle
« du Soldat inconnu », sur laquelle
brûle en permanence la flamme du
Souvenir. ■

La place Vendôme : un décor sans coulisses

Sa parfaite ordonnance, rythmée
par des pilastres étirés entre les
arcades des rez-de-chaussée et les
lucarnes des toits, égayée par des
frontons triangulaires, adoucie par
les pans coupés des angles, close sur
elle-même (seule la rue de la Paix la
traverse de part en part) et
qu'aucune fausse note n'est jamais

▲ *Les arcades de la place Vendôme
entourent la célèbre colonne
dont le bronze provient
des canons conquis à Austerlitz.*

*Musée du Louvre :
somptueusement décorée par Le Brun,
la galerie d'Apollon est un écrin
digne des joyaux qu'il renferme.*

venue déparer, ne fut longtemps
qu'un décor sans coulisses. Chargé
d'édifier un écrin digne de la statue
équestre du Roi-Soleil, Hardouin-
Mansart ne s'était soucié que des
façades, négligeant leurs arrières.
Aussi fallut-il attendre le début du
XVIIIe siècle, lorsque des particuliers
achetèrent les terrains des alentours
et firent bâtir les demeures
correspondantes, pour que la place
Vendôme devienne un des centres
du luxe et de l'élégance.
  L'écrin eut, en fait, beaucoup de
peine à conserver un joyau :
Louis XIV partit à la fonte en 1792
et fut remplacé par un Napoléon en
César, juché au sommet d'une haute
colonne (44 m), sur laquelle
s'enroule une spirale sculptée,
coulée dans le bronze des
1 200 canons pris à Austerlitz.
L'Empereur fut déboulonné en 1814,

———→

Un mot encore : c'est du salon Carré qu'est venue, à l'occasion de
la première exposition bisannuelle de l'Académie royale, l'habitude
d'utiliser le mot « salon » pour désigner les expositions temporaires.

De la campagne aux arcades Rivoli

C'est sous Charles V que Paris, en perpétuelle expansion, engloba
le Louvre. Très vite, échoppes, bicoques, hôtels, couvents, prison
même se pressèrent au nord. À l'ouest, les champs, les bois et les
fabriques de tuiles persistèrent jusqu'à Catherine de Médicis. Lorsque
celle-ci entreprit la construction du palais des Tuileries, elle confia
cette campagne à un jardinier nommé Le Nôtre (grand-père de celui
de Versailles), qui en fit une promenade publique. Entre le château
qui s'élevait et le Louvre, il dessina des parterres qui, aussitôt que
Louis XIV y eut donné une brillante parade à la naissance de son
premier enfant, furent baptisés « jardins du Carrousel ».
  À l'ouest du palais, le grand Le Nôtre transforma, au XVIIe siècle, le
jardin à l'italienne de son grand-père en jardin à la française, avec
deux rampes courbes, des terrasses, un petit peuple de statues, une
enceinte de balustrades et deux bassins ronds, et le jardin des
Tuileries devint la promenade à la mode. Le XIXe siècle le dota d'un
jeu de paume et d'une orangerie qui sont maintenant des annexes du
musée du Louvre : le premier est consacré aux peintres impressionnistes, le second accueille des expositions temporaires et abrite les
célèbres *Nymphéas* de Claude Monet.
  Tout le nord du jardin était bordé de constructions, et un quartier
habité s'étendait alors entre le palais du Louvre et les jardins du
Carrousel. Lorsque Napoléon Ier décida de percer la rue de Rivoli et
de doter le palais des Tuileries d'une aile en équerre appuyée sur le
pavillon de Marsan, il fallut démolir bon nombre d'édifices, parmi
lesquels la salle du Manège où avaient siégé l'Assemblée nationale et
la Convention, le club des Feuillants fondé par La Fayette, le couvent
des Capucins, l'hôtel de Coligny, mais le résultat est l'une des plus
belles voies de Paris. Entre la place du Louvre et celle de la
Concorde, la rue de Rivoli est bordée au sud par la façade du palais et
par le jardin des Tuileries, au nord par une longue suite de maisons
toutes semblables, dessinées par Percier et Fontaine. Ces immeubles
s'appuient sur une galerie d'arcades, haut lieu du commerce élégant,
dont la merveilleuse cadence, soulignée par le collier de lumière des
lanternes suspendues sous chaque voûte, justifie bien des sacrifices.
  En face du ministère des Finances, qui occupe la partie second
Empire de l'aile nord du Louvre, la ligne des arcades s'infléchit pour
entourer la place du Palais-Royal. Construit par Richelieu, qui le légua
à Louis XIII, le palais passa, en 1672, à la famille d'Orléans, qui y

et une énorme fleur de lis lui fut substituée. Le résultat ne devait pas être très heureux, car Louis-Philippe changea celle-ci contre un Petit Caporal en bicorne et redingote. Sous le second Empire, Napoléon en César réapparut sur son piédestal vert-de-gris, mais la colonne fut renversée par la Commune, à l'instigation du peintre Courbet. L'artiste fut condamné à six mois de prison et au paiement de la remise en état du monument, et il en mourut ruiné. ■

Chef-d'œuvre du second Empire, l'Opéra

Le second Empire n'a pas laissé que des copies. En triomphant, en 1861, de 171 concurrents pour le projet d'un nouvel Opéra, un jeune

▲ *En édifiant l'Opéra de Paris, l'architecte Garnier estimait avoir créé un style original : le style second Empire.*

« prix de Rome », Charles Garnier, a créé un véritable style Napoléon III par l'ampleur de sa conception et la richesse de la décoration.

Son théâtre est le plus grand du monde : 11 000 m². La scène, sur laquelle tiendrait un immeuble de 11 étages, peut contenir 450 figurants; la salle, en revanche, n'a que 2 200 places, à cause de l'importance des dégagements. L'énorme édifice repose sur une sorte de cuvette étanche, car un bras souterrain de la Seine posa de sérieux problèmes de fondations.

Le dôme vert-de-gris coiffe une architecture où la sculpture se mêle intimement aux arcades du rez-de-chaussée et aux colonnes de l'étage. (Mais le fameux groupe de Carpeaux, *la Danse*, n'est plus qu'une copie de l'original, déposé au Louvre.)

Une oasis de silence au centre de Paris : le jardin du Palais-Royal, ▼ *entouré d'immeubles à arcades.*

apporta de nombreuses modifications. La façade sur la place, dite « cour de l'Horloge », date de 1770. Le théâtre attenant, occupé par la Comédie-Française, a été construit en 1781, et la cour d'honneur, avec son double péristyle, sous la Restauration. La transformation la plus spectaculaire est celle des jardins, effectuée, de 1781 à 1786, par Louis Philippe d'Orléans, le futur Philippe Égalité. À court d'argent, le prince réalisa une fructueuse opération immobilière en entourant le jardin, sur trois côtés, d'immeubles de rapport uniformément ornés de pilastres monumentaux et surmontant des galeries marchandes. Ouvert au public mais interdit à la police, le jardin devint le lieu de rendez-vous des révolutionnaires. L'Empire fit du Palais-Royal un tripot, Louis-Philippe lui rendit sa dignité, la République y a logé le Conseil d'État et la direction des Beaux-Arts. Quant au jardin clos, il n'est plus qu'un havre de paix entre des arcades silencieuses.

À la place de la guillotine

À l'époque de son percement, la rue de Rivoli débouchait sur un vaste octogone. Gabriel, qui avait dessiné cette place sous Louis XV, l'avait entourée d'un fossé, puis d'une balustrade semblable à celle d'où le contemple le jardin des Tuileries. Il avait bâti aux angles des socles attendant des statues et, au fond, de part et d'autre de la rue Royale, deux élégants bâtiments à colonnades et frontons triangu-

laires, dont les beaux lambris Louis XV ornent aujourd'hui l'hôtel Crillon (à gauche) et le ministère de la Marine (à droite). Au centre se dressait une statue équestre du Bien-Aimé.

Cette statue fut déboulonnée pendant la Révolution et remplacée par la guillotine et par une statue de la Liberté en plâtre, qui reçut le dernier regard de 1 343 décapités, parmi lesquels Louis XVI, Marie-Antoinette, Mme Roland, la du Barry, Charlotte Corday, Danton et Robespierre. D'abord place Louis-XV, puis place de la

Intérieurement, la somptuosité des ors et des marbres multicolores du grand escalier est sans rivale. Le grand foyer et la salle — dotée par Chagall d'un plafond dont les bleus et les roses délicats paraissent un peu dépaysés, selon certains, au milieu de toute cette pompe — sont tout aussi fastueux. ■

Le jeu de bascule du Panthéon

Couronnant la montagne Sainte-Geneviève, point culminant de la rive gauche, le Panthéon, avant de mériter son titre de « Saint-Denis républicain », a dû jouer un curieux jeu de bascule entre deux vocations : église ou nécropole?

Né en 1757 d'un vœu de Louis XV malade, le monument commença par être l'église Sainte-Geneviève. Dans l'esprit de Soufflot, son architecte, ce serait le Dôme des Invalides du XVIIIe siècle : fronton triangulaire, colonnade et vaste coupole sur plan en croix grecque de dimensions impressionnantes (110 m de long, 84 m de large, 83 m de haut). Mais la présence de puits romains sous les fondations compliqua la construction, qui ne fut achevée qu'à la veille de la Révolution. Quelques mois plus tard, la dépouille de Sainte-Geneviève était envoyée au bûcher, l'église réquisitionnée. On mura ses fenêtres et ses portails latéraux, et on grava sur le fronton la dédicace de Quincy : « Aux grands hommes, la patrie reconnaissante. » La nécropole fut inaugurée par le corps de Mirabeau, bientôt suivi de ceux de Voltaire, de Rousseau et de Marat (ce dernier pour quelque temps seulement). Napoléon, pour

→

▲ *Le dôme du Panthéon, au-dessus des frondaisons, des parterres fleuris et des statues du jardin du Luxembourg.*

Perspective, place de la Concorde : fontaine de style italien, Obélisque, hôtels à colonnades et,
▼ *tout au fond, l'église de la Madeleine.*

Révolution, la place fut dédiée, sous le Directoire, à la Concorde pour mettre d'accord tous ceux qui voulaient devenir ses parrains.

C'est Louis-Philippe qui lui donna son visage actuel, en entourant de deux fontaines, de dizaines de candélabres et de huit majestueuses statues assises, représentant les grandes villes de France, l'obélisque de Louxor — un monolithe de 23 m, couvert d'hiéroglyphes — offert par l'Égypte. C'est également lui qui fit placer à l'entrée de l'avenue des Champs-Élysées les deux *Chevaux de Marly* piaffant sur leur

piédestal, et qui mit la dernière pierre au monumental arc de triomphe de l'Étoile, élevé à la gloire des armées de l'Empire au sommet de la butte déserte qui clôturait la perspective.

Au XVIIe et au XVIIIe siècle, seule la promenade du Cours-la-Reine, créée par Marie de Médicis sur le bord de la Seine, était considérée comme « de bon ton ». Les fourrés que traversait le « Grand Cours » tracé par Le Nôtre, puis par le duc d'Antin, dans le prolongement de la grande allée des Tuileries, étaient au contraire assez mal famés, et ce ne fut pas le campement de la soldatesque alliée — cosaques compris — en 1814 qui améliora leur réputation! C'est seulement à partir de 1828 que des trottoirs, des becs de gaz, des cafés, des restaurants donnèrent un petit air de fête aux Champs-Élysées et attirèrent les Parisiens. Mais c'est surtout sous le second Empire que l'on vint s'encanailler au bal Mabille (dans la future avenue Montaigne), sous l'éclatante lumière de 3 000 globes, puis que l'on prit l'habitude de passer par là, d'abord pour se rendre aux courses à Longchamp, ensuite pour le seul plaisir d'y croiser d'autres coupés, d'y saluer ses connaissances. Les Champs-Élysées étaient alors le point de mire de la capitale. Ils devinrent la « plus belle avenue du monde » avec la construction, dans leur partie haute, d'hôtels particuliers dont il ne reste plus que celui de la Païva, coincé entre deux cinémas. Car les Champs-Élysées se sont relativement démocratisés : ils sont maintenant bordés de grands cafés, de salles de spectacle, de magasins d'automobiles et de boutiques élégantes.

L'olympienne sérénité des Invalides

Entre la Concorde et le Rond-Point, là où ombrages et massifs de rhododendrons masquent l'entrée du palais de l'Élysée, demeure du président de la République, se greffe une autre perspective : celle qui mène à l'hôtel des Invalides. Elle s'amorce entre les colonnades du Grand et du Petit Palais — vestiges de l'Exposition de 1900, ils hébergent tous deux des expositions provisoires et abritent en permanence, le premier, le palais de la Découverte, le second, le musée des Beaux-Arts de la Ville de Paris —, franchit la Seine dans le décor rococo du pont Alexandre-III, s'épanouit sur une esplanade gigantesque et vient buter sur une imposante façade classique, longue de 210 m, précédée de fossés, de balustrades, de parterres et de vieux canons de bronze, et dominée par un dôme majestueux.

Louis XIV fit bâtir l'hôtel des Invalides pour y loger les vétérans et les estropiés de l'armée royale, réduits jusqu'alors à la charité publique. Chargé d'édifier un hospice de 6 000 places dans la plaine de Grenelle, où l'on chassait encore la caille, l'architecte Libéral Bruant construisit un gigantesque quadrilatère (127 000 m²) qui n'héberge

se concilier la papauté, rendit l'édifice au culte, en se réservant le droit d'y inhumer ses maréchaux fidèles. On gratta l'inscription, on déménagea Voltaire et Rousseau... qui réintégrèrent les lieux sous Louis-Philippe, pour en être de nouveau expulsés par le prince-président... La belle eut lieu en 1885, quand l'église fit définitivement (semble-t-il) place au Panthéon en recevant le « cercueil de pauvre » de Victor Hugo. ■

Le château de Vincennes

À la porte orientale de la capitale, le château de Vincennes est la seule résidence royale que nous ait léguée le Moyen Âge. Un manoir, bâti au IXe siècle à la lisière de la giboyeuse forêt de Vincennes, devint

▲ *Encore entouré de son enceinte fortifiée, le donjon du château de Vincennes paraît bien austère à côté du pavillon du Roi.*

Dans le cadre fastueux du Dôme des Invalides, le sarcophage de porphyre rouge
▼ *dans lequel repose Napoléon Ier.*

forteresse sous Philippe VI, qui commença la construction du donjon. Celui-ci fut terminé par Charles V, qui édifia la vaste enceinte rectangulaire, entourée de fossés, et entreprit la construction de la chapelle, achevée sous François Ier. Au XVIIe siècle, Mazarin fit élever par Le Vau de luxueux bâtiments d'habitation destinés à Anne d'Autriche et au jeune Louis XIV. Ce dernier délaissa Vincennes pour Versailles, et le château servit dès lors de prison : Fouquet, la Voisin, Diderot, le marquis de Sade et Mirabeau y furent incarcérés, et Latude prouva que l'on pouvait s'en échapper.

On pénètre dans le château par la tour du Village, au nord, la seule qui n'ait pas été arasée. Le magnifique donjon du XIVe siècle, haut de 50 m et flanqué de quatre tourelles

plus, de nos jours, que quelque 200 hôtes. La plus grande partie de l'espace est affectée à des musées et au service de Santé des armées.

La façade à quatre étages, très simple, est ornée d'une corniche, de mascarons et de lucarnes en forme de trophées. Au centre, un portail monumental, encadré de pilastres jumelés, est surmonté d'un arc en plein cintre, au milieu duquel un Louis XIV en bas relief trône entre la Prudence et la Justice.

À l'intérieur, même simplicité, tant dans l'immense cour d'honneur, entourée de deux étages d'arcades, que dans l'église Saint-Louis, due à Hardouin-Mansart et décorée seulement de drapeaux pris à l'ennemi (il en manque 1417, brûlés en 1814 avant l'arrivée des Alliés).

Mais cette modération est oubliée dans le Dôme, également dû à Hardouin-Mansart et considéré comme le plus beau monument religieux qu'ait produit l'art classique. Cette dernière église, séparée de la première par une vitre, est couronnée par la belle envolée d'une coupole à lanternon dont la croix se dresse à 105 m au-dessus du sol. Derrière une façade sobre, ornée de colonnes à l'antique, l'intérieur n'est que luxe et somptuosité. Mais, plus que les marbres, les sculptures et les peintures, c'est l'énorme sarcophage de porphyre rouge dans lequel Napoléon est prisonnier de cinq cercueils emboîtés qui attire ici les visiteurs. L'Empereur avait dit : « Je désire que mes cendres reposent sur les bords de la Seine, auprès de ce peuple français que j'ai tant aimé. » Après le retour de Sainte-Hélène, sa dépouille attendit vingt ans que soit creusée, de 1840 à 1861, sous la direction de Visconti, la crypte à ciel ouvert, où l'on descend par un escalier de marbre et qui recèle également les sépultures de Joseph Bonaparte, du roi de Rome et de plusieurs généraux et maréchaux.

L'hôtel des Invalides abrite le musée de l'Armée, dont les collections d'armes et d'armures sont parmi les plus riches du monde, et le musée des Plans-Reliefs, où quarante-trois maquettes de places fortes retracent, avec une minutieuse précision, l'histoire des fortifications en France de Vauban à 1870.

De l'École militaire au palais de Chaillot

Louis XIV avait laissé les Invalides. La marquise de Pompadour décida que Louis XV ne pouvait faire moins. Sans grand enthousiasme, le roi finit par accepter, en 1751, l'idée d'une École militaire destinée à 500 orphelins, fils d'officiers pouvant justifier de quatre quartiers de noblesse. Elle serait située suffisamment à l'écart, dans la plaine de Grenelle, pour que les élèves ne soient pas soumis aux tentations parisiennes. Mais il rogna sur le budget, et Gabriel — l'architecte de la Concorde — dut restreindre ses ambitions. Le résultat n'en est pas moins d'une élégance raffinée.

d'angle, est intact et toujours entouré de sa « chemise » fortifiée. Un musée historique y rappelle tous les événements dont le château fut le cadre. La Sainte-Chapelle, de style gothique flamboyant, a perdu sa flèche, mais conservé quelques beaux vitraux du XVIᵉ siècle, exécutés sur l'ordre de Philibert Delorme d'après des gravures d'Albert Dürer. La partie sud de l'enceinte, isolée par les arcades du portique nord, forme une vaste cour d'honneur. Pour l'ouvrir sur le bois, Le Vau a remplacé le mur d'enceinte par le portique sud, au centre duquel un arc de triomphe donne sur l'esplanade du château. De part et d'autre de la cour d'honneur, les pavillons du Roi et de la Reine sont maintenant affectés aux services historiques de l'Armée et de la Marine. ∎

Les jardins de Paris

Paris a peu d'espaces verts pour une capitale, mais possède néanmoins, quelques beaux jardins.

Créé sous Louis XIII, le *Jardin des Plantes* est l'héritier de l'Herbier royal d'Henri III, et la Révolution lui a adjoint les collections d'animaux de la ménagerie de Versailles. Les frères de Jussieu l'enrichirent de végétaux recueillis dans le monde entier (notamment le premier cèdre du Liban), Buffon l'agrandit et y ouvrit une sorte de faculté pratique de sciences naturelles, Bernardin de Saint-Pierre y amena le premier rhinocéros qu'aient vu les Parisiens; la première girafe eut le même succès en 1827. Mais la ménagerie subit le contrecoup de la famine de 1870 : ses éléphants Castor et Pollux finirent à l'étal du boucher. Depuis,

une grande variété d'animaux, un vivarium, un aquarium, une immense serre de plantes exotiques, la butte du « labyrinthe » et les parterres fleuris accueillent les promeneurs.

Le *parc Monceau* devait célébrer le culte de la Nature telle que la concevait J.-J. Rousseau. Sur un terrain de chasse appartenant au duc d'Orléans, le dessinateur et écrivain Carmontelle aménagea un jardin exotique aux essences précieuses, « pays d'illusions » parsemé de ruines, de temples, de pagodes. Après la Révolution, Davioud encercla de grilles ce qui restait de ce parc anglais, avec ses rochers, ses statues, sa grotte, ses tombeaux, son ruisseau et son bassin ourlé de la fameuse « Naumachie », colonnade à l'antique.

Le *parc des Buttes-Chaumont*,

avec ses cèdres de l'Himalaya, ses vallonnements et son lac dominé par un piton rocheux de 50 m, couronné d'un belvédère, fut une œuvre d'assainissement : ces hauteurs chauves, balayées par les vents, voisinèrent, jusqu'au XIXᵉ siècle, avec les fosses croupissantes d'une plâtrière. Haussmann utilisa ces reliefs naturels et artificiels pour créer un jardin pittoresque, d'autant plus apprécié que le nord de Paris était jusque-là complètement privé de verdure.

Les 16 ha plantés d'arbres du *parc de Montsouris*, agréablement accidentés, recèlent un lac, une cascade et l'observatoire municipal, logé dans un surprenant palais mauresque bâti pour l'Exposition de 1867. Son ambiance paisible est goûtée par les groupes d'étudiants venus en voisins de la Cité →

Derrière les jeux d'eau du palais de Chaillot, la silhouette de la tour Eiffel, ▼ *symbole de Paris depuis 1889.*

La plus belle façade est celle qui donne sur la cour d'honneur, place de Fontenoy : deux portiques à colonnes jumelées encadrant un pavillon central, deux ailes à colonnades et des pavillons d'angle de toute beauté. Côté Champ-de-Mars, la façade, qui formait, à l'origine, le dos de l'école, est plus simple : le pavillon central, surmonté d'un dôme un peu anguleux et orné de dix colonnes corinthiennes et de statues symboliques, est flanqué de deux ailes basses. L'École militaire est actuellement le siège de l'École supérieure de guerre.

Ancien terrain de manœuvre transformé en jardin public, le Champ-de-Mars paraît un peu délaissé aujourd'hui, en comparaison de son activité d'antan. En 1783, il servit de base de lancement au premier ballon à hydrogène, salué par les acclamations de 100 000 spectateurs. En 1790, Talleyrand y célébra (sous la pluie), en présence du roi, de la reine et de 300 000 participants, une messe solennelle en l'honneur du premier anniversaire de la prise de la Bastille! Quatre ans plus tard, l'esplanade fut le théâtre de l'apothéose

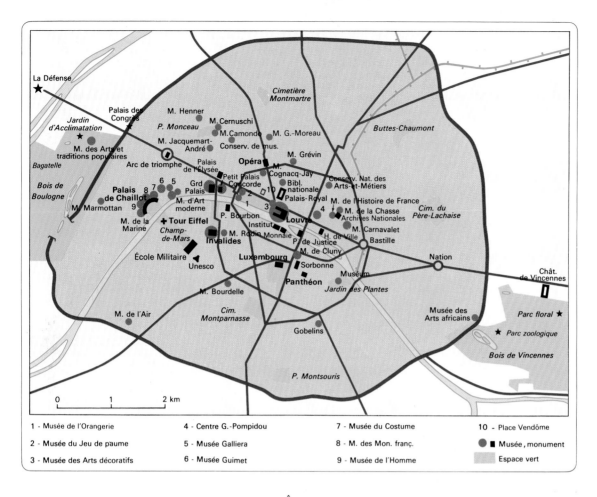

universitaire, comme par les mères de famille et les vieux du quartier.

Deux grands espaces verts, enfin, tiennent Paris en tenaille. Le *bois de Boulogne* à l'ouest, le *bois de Vincennes* à l'est. Deux anciennes forêts, peuplées au Moyen Âge de brigands et de loups, que Napoléon III fit transformer sur le modèle de Hyde Park, la grande promenade londonienne : lacs, îles, rivières serpentines, allées cavalières et routes sinueuses. Chacun a sa personnalité : Vincennes, plus démocratique, s'enorgueillit de son magnifique jardin zoologique et de son plus récent parc floral; Boulogne, plus snob, offre à ses visiteurs le jardin passé au peigne fin du Pré Catelan, le parc de Bagatelle et sa célèbre roseraie, le Jardin d'acclimatation et ses attractions pour enfants. ■

des réjouissances révolutionnaires : la fête de l'Être suprême. En 1798, elle accueillit pour la première fois une exposition, devancière des grandes manifestations internationales qui l'animèrent en 1867, 1878, 1889, 1900 et 1937.

De celle de 1889, le Champ-de-Mars conserve un souvenir prestigieux : une tour métallique de 320 m, qui était, à l'époque, le plus haut monument du monde. Avec ses 1 652 marches — il y a aussi des ascenseurs... —, ses 7 000 t de poutrelles, ses 2 500 000 rivets et l'étonnante légèreté de sa silhouette, la tour Eiffel est, dans le monde entier, le plus populaire des monuments parisiens.

Face à la tour Eiffel, sur la rive droite, la colline de Chaillot forme un promontoire sur lequel Napoléon Ier avait décidé de construire un « Kremlin cent fois plus beau » pour y loger le roi de Rome. Le projet sombra avec l'Empire, mais le terrain étant déjà écrêté, Charles X l'utilisa pour une manifestation politique : en 1827, il fit édifier, sur la butte, une réplique en carton du fort espagnol de Trocadéro, que venait d'enlever le duc d'Angoulême, et obligea ses grenadiers à feindre l'assaut depuis le Champ-de-Mars. L'Exposition de 1878 coiffa la colline d'un énorme bâtiment pseudo-mauresque, baptisé « palais du Trocadéro ». Sur ses fondations, Carlu, Boileau et Azéma élevèrent, en 1937, un palais dépouillé à l'extrême, dont les deux longues ailes courbes sont séparées par une vaste esplanade dominant une succession de terrasses, de larges escaliers, de bassins et de jeux d'eau. Le palais abrite les musées de l'Homme, de la Marine et des Monuments français, ainsi que le Théâtre national populaire et la Cinémathèque française. À ses pieds, des jardins à l'anglaise couvrent le versant de la colline, dans lequel est creusé un aquarium souterrain.

Le Luxembourg : un palais et un jardin

La rive gauche a aussi sa résidence royale : le Luxembourg, bâti sous Marie de Médicis qui, après la mort d'Henri IV, abandonna la construction du palais des Tuileries pour recréer l'atmosphère toscane de son enfance. Ayant acquis, sur les hauteurs proches de l'abbaye Sainte-Geneviève, la propriété du duc de Luxembourg et des terres appartenant au couvent voisin des Chartreux, elle se fit édifier, par Salomon de Brosse, un château qui, avec ses bossages et ses colonnes

annelées, rappelait le palais Pitti de Florence. Quant à l'hôtel de Luxembourg, devenu Petit-Luxembourg, la reine en fit don à son ministre Richelieu.

Après avoir passé entre plusieurs mains, le palais, considérablement agrandi, côté jardin, au XIXe siècle, est aujourd'hui le siège du Sénat (dont le président occupe le Petit-Luxembourg). Seule la façade sur la rue de Vaugirard date du XVIIe siècle.

Plus attirant que le palais pour les étudiants du proche Quartier latin, le jardin du Luxembourg, à peine touché par la percée du boulevard Saint-Michel et de la rue de Médicis, doit l'essentiel de son aspect actuel à Chalgrin, l'architecte de l'Arc de triomphe, qui le dessina sous l'Empire. Un bassin octogonal, entouré de parterres à la française, est dominé par deux terrasses frangées de balustrades et peuplées de statues, derrière lesquelles se déploient les pelouses et les ombrages d'un parc à l'anglaise. Près du palais, une allée d'eau bordée de platanes gigantesques conduit à la romantique fontaine Médicis, due à Salomon de Brosse.

▲ *Le palais du Luxembourg, siège du Sénat, construit dans le style florentin pour Marie de Médicis.*

Versailles
palais du Roi-Soleil

Le bassin d'Apollon, ▲
avec le char du dieu sortant de l'onde,
le Tapis vert bordé
de vases et de statues,
et la façade occidentale du château.

Sur la terrasse, ▶
deux vastes bassins rectangulaires,
les « parterres d'eau »,
sont ornés de statues de bronze
représentant les grands fleuves de France
(ici, le Rhône).

◀ Comme encadrée
par la grille dorée de l'Avant-Cour,
la statue équestre de Louis XIV
se dresse à l'entrée de la cour Royale.

*D*emeure du monarque, résidence de la Cour,
siège du gouvernement, l'immense château de Versailles abrita,
de Louis XIV à la Révolution, tout un peuple de seigneurs,
de ministres, de scribes,
de domestiques et de soldats gravitant autour du roi.

Conçue ▲
par Hardouin-Mansart,
richement décorée
par Le Brun,
la galerie des Glaces,
cadre somptueux
des fêtes de la Cour.

Dans les Petits ▶
Appartements,
la chambre
où mourut
Louis XV.

◄ *La chambre de la Reine
a retrouvé l'aspect
qu'elle avait en 1789,
lorsque Marie-Antoinette
en fut chassée par
l'arrivée des révolutionnaires.*

*Ornementé avec munificence sous Louis XIV,
préoccupé avant tout de rehausser l'éclat
de son règne et le prestige de sa personne,
le château de Versailles fut aménagé
par ses successeurs, plus soucieux de confort
que de décorum.*

*Le Nôtre
dota le château de Versailles
d'un merveilleux écrin
de verdure,
enrichi de fontaines,
de bosquets et de statues.*

*Égayé par des vasques ▲
et par les teintes variées
de ses marbres,
le péristyle de la Colonnade
est le plus bel ornement
des jardins.*

*De part et d'autre ▶
du bassin d'Apollon,
les voûtes de feuillage
de l'allée d'Apollon
séparent les jardins
du Petit Parc.*

6. Versailles

La sobre façade ▲
sur jardins
du Petit Trianon,
construit par Gabriel
pour les favorites
de Louis XV.

Entre le péristyle ▶
de marbre rose
du Grand Trianon
et son reflet
dans la vasque
du Plat-Fond d'Eau,
les rangées d'arbres
du Grand Quiconce.

*Le Grand et le Petit Trianon permettaient
aux souverains de prendre quelques instants
de détente à proximité du château.*

◀ *Les fines colonnes
du temple de l'Amour
se dressent sur une île
des jardins
du Petit Trianon.*

Au bord du grand lac, ▶
*dans un cadre de verdure,
les chaumières du Hameau
où Marie-Antoinette
jouait à la bergère.
(La maison de la Reine et le Moulin.)*

▲ *Versailles :*
les parterres du Midi,
triomphe du jardin à la française
selon Le Nôtre, leurs bassins
et leurs buis taillés.

A l'ouest de Paris, sur un plateau, entre les bois de Satory et la forêt de Marly, Versailles ordonne ses rues tranquilles et ses demeures aristocratiques autour de trois larges avenues qui convergent vers la grandiose place d'Armes. À l'entrée de cette vaste esplanade, deux édifices jumeaux : les anciennes écuries royales (dite « grandes » et « petites » bien qu'elles soient de la même taille). Au fond, derrière une grille au fronton doré, une énorme cour d'honneur pavée, au centre de laquelle parade un majestueux Roi-Soleil en bronze, conduit au plus grand, au plus beau, au plus somptueux monument civil qu'ait édifié la civilisation européenne.

Versailles, c'est la mesure dans la démesure : l'immense palais, qui fut, jusqu'à la Révolution, la tête d'une France dont Paris n'était plus que le cœur affaibli, témoigne de l'ordre rigoureux et du parfait équilibre de l'art classique, mais aussi des conceptions originales du monarque égocentrique qui sut « forcer la nature » (Saint-Simon) et mater les hommes, inscrivant sa gloire dans la pierre et dans un paysage métamorphosé (les jardins participent autant que les bâtiments à la mise en scène). Triomphe de l'architecture du XVIIᵉ siècle, le château de Versailles doit sa naissance à un caprice de Louis XIII, son charme au XVIIIᵉ siècle, qui l'égaya, et une bonne part de sa physionomie intérieure au XIXᵉ siècle, qui en fit un musée. Malgré ses avatars, il demeure le symbole de la puissance et de la splendeur de Louis XIV.

Un « château de cartes »

Ce palais colossal — qui était en même temps la demeure du roi, le siège du gouvernement et le luxueux hôtel meublé d'une noblesse asservie et frivole — occupe l'emplacement d'un simple « logis de garenne » de Louis XIII, gentilhommière rustique, agrandie, sans faste excessif, de 1631 à 1634. Grand chasseur, le fils d'Henri IV délaissait volontiers la pieuse Anne d'Autriche pour chevaucher avec quelques compagnons à travers les forêts voisines. Si celles-ci étaient giboyeuses, les alentours du futur palais manquaient totalement d'attraits, au dire de l'outrancier mémorialiste de Versailles qu'est Saint-Simon : « Le plus triste et le plus ingrat des lieux, sans vue, sans bois, sans eau, sans terre, parce que tout y est sable mouvant ou marécage, sans air par conséquent, qui n'y peut être bon... »

Le 10 novembre 1630, Louis XIII reçut en secret Richelieu dans son pavillon de chasse et lui donna les pleins pouvoirs, au grand dam de la reine mère et de sa coterie, mais cette « journée des Dupes » fut le seul événement historique versaillais sous son règne. Le roi venait là pour échapper aux contraintes du Louvre et du château de

Saint-Germain, pour chasser, pour jouer au billard, aux échecs, à la paume. Il se souciait peu de l'apparence modeste de sa résidence « à la française », en brique et pierre claire. Il ordonna cependant que l'on agençât un parc à bassins et parterres, timide amorce des jardins de Le Nôtre.

Après la mort de Louis XIII, en 1643, le « petit château de cartes » (Saint-Simon) fut abandonné pendant près d'une vingtaine d'années. La Fronde grondait, les grands conspiraient, le parlement se rebellait,

Les châteaux de l'Est parisien

À l'est de Paris, la Brie déploie d'immenses champs de blé, mais aussi des bois, des forêts (Sénart, Armainvilliers, Crécy)... et des châteaux. Certains de ceux-ci sont encore habités, mais d'autres sont ouverts au public et constituent autant de buts de promenade.

Le *château de Grosbois*, de style Louis XIII, appartint au maréchal Berthier, qui y mena grand train et le décora fastueusement dans le style Empire. La salle à manger est la seule pièce qui ait gardé son aspect d'origine, avec des fresques représentant le mariage de Charles de Valois, fils de Charles IX.

À *Brie-Comte-Robert*, ancienne capitale de la Brie, il n'y a plus que des vestiges du château fort édifié par le fils de Louis VI, Robert, comte de Dreux. L'église Saint-Étienne possède un clocher et une belle rosace du XIIIe siècle, et il reste six belles arcades gothiques de la chapelle de l'ancien hôtel-Dieu.

Le *château du Vivier*, où l'on enfermait Charles VI, le roi fou, lorsqu'il était en crise, est également en ruine. Il subsiste la chapelle, quelques pans de murs et quatre tours, qui se dressent dans un beau parc, à côté d'un étang.

Au nord de la Brie, le *château de Champs*, à la sortie de Champs-sur-Marne, donne sur de splendides jardins à la française dessinés par un neveu de Le Nôtre. Construit entre 1703 et 1707 pour un riche parvenu, il séduisit, par son élégante sobriété, Mme de Pompadour, qui le loua et le fit décorer de boiseries peintes par Van Loo, Desportes, Audry et Huet. Un magnifique mobilier et des

→

▲ *Hauts toits d'ardoise et décor de brique rose : le château de Grosbois renferme un véritable musée du mobilier Empire.*

Vestige du premier château construit par Louis XIII à Versailles, la gracieuse cour de Marbre, sur laquelle donnait
▼ *le Grand Appartement du Roi.*

le peuple se révoltait : proclamé roi le jour de ses cinq ans, le jeune Louis XIV connut les fuites humiliantes et la pauvreté, ce qui forgea son caractère. C'est seulement à l'âge de treize ans qu'il découvrit la gentilhommière de son père. Il y revint de temps à autre pour chasser et s'attacha peu à peu au domaine, qu'il devait plus tard préférer à toutes les autres résidences royales.

Après la mort de Mazarin en 1661, libre d'agir à sa guise, Louis XIV décida d'affirmer son autorité et de montrer sa grandeur.

N'avait-il pas pris le soleil pour emblème ? À la fois agacé et séduit par le luxe de Vaux-le-Vicomte, prestigieuse résidence d'un surintendant Fouquet bientôt disgracié, le roi, plutôt que d'embellir les villes et les châteaux existants, préféra créer un ensemble monumental digne de sa gloire. Ce fut une œuvre de longue haleine, poursuivie pendant près d'un demi-siècle, malgré la dégradation financière d'une France toujours en guerre, malgré les gémissements de Colbert, que le roi balayait d'un : « Il me faut rendre les services comme je les désire et croire que je fais pour le mieux. »

L'ensemble constitué par le palais, les jardins, le parc et les Trianons paraît merveilleusement homogène dans son immensité, mais trois grandes étapes ont marqué sa construction. Dans un premier temps, Louis XIV aménagea puis agrandit le château de son père, et fit peupler de statues un jardin déjà voué à de fastueuses fêtes de plein air. Peu à peu, tandis que le parc, drainé — non sans mal — de ses marécages, était métamorphosé par d'énormes terrassements, le grand projet prit forme. La première réalisation (1668-1674) fut confiée à Louis Le Vau, l'architecte de Vaux-le-Vicomte : par piété filiale (ou par concession aux soucis d'économie de Colbert), Louis XIV ordonna que le « château de cartes » fut conservé, mais englobé dans un vaste palais classique de style italianisant. Rude contrainte pour Le Vau, qui dut respecter les vieux murs et ne pas trop empiéter sur les jardins déjà tracés. Avec autant d'ingéniosité que de talent, il parvint à emboîter le château de Louis XIII dans une « enveloppe » importante, plaquant les nouveaux corps de bâtiment, côté jardins, contre les anciennes façades aveuglées. Cet ensemble, véritable puzzle auquel il manquait alors la galerie des Glaces, forme le corps central du palais actuel, siège des Grands et Petits Appartements. L'ancien château n'apparaît plus qu'autour de la cour de Marbre, dont les proportions réduites, les briques roses et les toits d'ardoises tranchent avec le gigantisme, les pierres blanches et les terrasses qui caractérisent Versailles.

André Le Nôtre, qui avait dessiné les parterres de Vaux-le-Vicomte et les Tuileries, fut chargé des jardins. Travailleur infatigable, ce « bonhomme très simple » avait le génie des grands ordonnancements, un sens inné des amples géométries. Pendant que s'édifiait le château, il dégagea des perspectives et modela les masses végétales, orchestrant le paysage, nuançant les transitions entre l'architecture et la nature. Une armée de jardiniers travaillait sous ses ordres, les meilleurs hydrauliciens cherchaient l'eau de plus en plus loin pour alimenter bassins et fontaines : la physionomie générale des jardins à la française et du parc qui les prolonge apparut dès 1668 avec l'achèvement du Grand Canal, mais Le Nôtre ne cessa d'y travailler jusqu'à sa mort (1700), et les siècles suivants apportèrent un certain nombre de modifications de détails.

tableaux de maîtres le décorent.

Quant au *château de Guermantes*, que l'on visite bien qu'il soit habité, il date du XVIIIe siècle. Les frontons sont de Robert de Cotte, les perrons de Mansart et le parc de Le Nôtre. Formant une double équerre, il a été abondamment restauré, mais la décoration intérieure est très belle. Il reste des boiseries et des plafonds Louis XIII, et surtout une remarquable galerie, longue d'une trentaine de mètres et baptisée « la Belle Inutile », dont les plans ont été tracés par Robert de Cotte. ■

Saint-Germain-en-Laye où naquit Louis XIV

L'Ouest parisien, à vocation résidentielle, est semé de châteaux et de forêts, et, malgré l'urbanisation

▲ *Le château de Guermantes mire sa façade classique dans un vaste plan d'eau.*

accélérée des deux dernières décennies, il est encore paisible, luxueux et agreste.

Saint-Germain-en-Laye, résidence royale où naquirent Henri II, Charles IX et Louis XIV, est célèbre pour sa situation au bord d'un plateau élevé, dominant la vallée de la Seine, pour son château Renaissance, pour les jardins où Jarnac usa de sa botte secrète au cours du dernier duel judiciaire de notre histoire, pour l'admirable terrasse panoramique aménagée par Le Nôtre et pour la vaste forêt enfermée dans une bouche de la Seine. Construit à l'emplacement d'une forteresse médiévale, dont il conserve les soubassements, les fossés, le chemin de ronde et les mâchicoulis, le château englobe une merveilleuse Sainte-Chapelle du XIIIe siècle, édifiée par Saint-Louis,

*Château de Versailles :
à l'entrée de la galerie des Glaces,
les marbres et les stucs dorés
▼ du salon de la Paix.*

L'immense chantier de Jules Hardouin-Mansart

Le château de Le Vau et les jardins formaient ensemble un « spectacle total », mais le palais, en dépit de ses dimensions, ne pouvait loger la foule des princes du sang, des favoris et des ministres, les cadres de l'administration et l'important personnel de service. Petit-neveu de François Mansart, Jules Hardouin-Mansart fut chargé de l'agrandir. De 1678 à 1690, Versailles fut transformé en chantier (plus de 30 000 hommes y travaillèrent simultanément!). L'architecte commença par édifier les ailes des Ministres, de part et d'autre de la cour d'honneur (devant laquelle il éleva plus tard les Grandes et Petites Écuries); il ornementa ensuite la façade encadrant la cour de Marbre, construisit le gigantesque Grand Commun pour abriter cuisines, offices et logements de fonction (l'actuel hôpital militaire), aménagea en contrebas de la terrasse la colossale Orangerie souterraine que flanquent les imposants escaliers des Cent Marches.

L'architecte s'attaqua ensuite au château lui-même. Côté jardins, celui-ci comportait, au premier étage, une grande terrasse : Hardouin-Mansart la remplaça, entre 1678 et 1684, par la célèbre galerie des Glaces, somptueusement décorée par Charles Le Brun. Il éleva ensuite l'aile du Midi côté Orangerie (1678-1682), puis l'aile du Nord (1685-1689), entre lesquelles la galerie des Glaces devint un lieu de passage privilégié : intégrée à l'ensemble dit « des Grands Appartements », elle communiquait avec l'appartement du Roi, situé dans la partie du château datant de Louis XIII, alors différemment aménagée (la chambre du Roi ne fut transférée au centre géométrique du palais, face au soleil levant, qu'en 1701). Exemple parfait de la splendeur voulue par Louis XIV, la galerie ruisselait d'or et d'argent. Ses 17 fenêtres cintrées éclairaient une profusion de meubles somptueux, de tapis de la Savonnerie, de girandoles, d'orangers; aujourd'hui un peu ternies, les glaces au mercure qui leur font face frappaient alors par leur dimension inusitée. Mme de Sévigné trouva « cette sorte de beauté unique au monde »... et ne se plaignit pas de l'absence de cheminée : les belles dames du temps passé devaient pourtant grelotter dans l'interminable galerie soufflettée par les vents humides de l'hiver.

En 1687, Jules Hardouin-Mansart en avait presque terminé avec le château, à l'exception de la chapelle, bijou blanc et or dont il ne traça les plans qu'à la fin du siècle. Il fut chargé de remplacer le charmant Trianon de porcelaine, construit par Le Vau à l'extrémité du croisillon nord du Grand Canal, par un pavillon de plaisance plus luxueux : le Grand Trianon. Pour entourer celui-ci, Le Nôtre conçut des jardins au décor changeant : utilisant deux millions de pots de grès, les innombrables jardiniers pouvaient modifier l'ordonnancement floral en une nuit.

et un donjon du XIVe siècle. Il doit néanmoins son apparence générale à Pierre Chambiges, l'architecte de François Ier.

Celui-ci ne put modifier le plan, qui demeure celui d'un château fort polygonal, avec une cour fermée au centre, mais il éleva une demeure confortable, percée de larges fenêtres et égayée de briques roses. Il la couvrit d'un toit plat dissimulé par une balustrade — une innovation à cette époque de hauts toits d'ardoise — et y répandit à profusion les armes de son maître : F majuscule et salamandre. Le château abrite aujourd'hui le très intéressant musée des Antiquités nationales, dans lequel sont présentées, avec beaucoup de goût, des collections archéologiques allant de la préhistoire à Charlemagne.

Au nord-est de Saint-Germain-

▲ *La Renaissance transforma la vieille forteresse de Saint-Germain-en-Laye en une plaisante demeure où naquit le futur Roi-Soleil.*

en-Laye, à la lisière de la forêt. *Maisons-Laffitte* est surtout connue pour son champ de courses. Derrière une grille monumentale, en bordure d'un parc consacré à l'entraînement des pur-sang, s'élève l'un des chefs-d'œuvre de François Mansart, grand-oncle de l'architecte de Versailles : construit au milieu du XVIIe siècle dans le premier style Louis XIV, le château de pierre dorée étage, sous des toits d'ardoise bleue, colonnes et pilastres des trois ordres classiques. La décoration intérieure, réalisée à grand renfort de sculptures et de stucs au XVIIIe siècle, pour le comte d'Artois (alors propriétaire des lieux), est restée intacte.

Au sud-ouest de Saint-Germain-en-Laye, près de Rueil-Malmaison dont l'église Renaissance abrite les tombeaux de l'impératrice Joséphine

Château de Versailles, la chambre du Roi (maquette) : une balustrade de bois doré séparait la foule des courtisans ▼ *du lit où couchait Louis XIV.*

Étiquette et privilèges

Achevé l'année suivante, le délicat et noble Grand Trianon a retrouvé sa beauté après avoir menacé ruine. Sous Louis XIV, il servait de cadre à des fêtes champêtres, mais permettait surtout au Roi-Soleil d'échapper en partie aux servitudes de l'étiquette qu'il avait imposée. Marqué à jamais par les désordres de la Fronde, se considérant comme le lieutenant de Dieu et l'incarnation de l'État, ce monarque absolu avait concentré dans ses mains tous les pouvoirs, faisant de Versailles le siège de la monarchie, le centre du gouvernement et la prison dorée d'une noblesse naguère turbulente. Ses ancêtres sillonnaient leur royaume, allant de château en château visiter leurs vasseaux : il se fixa définitivement à Versailles et réunit autour de lui les nobles domestiqués, flattés et pensionnés.

On ne saurait comprendre Versailles sans faire revivre, en imagination, «les princes et les prélats, et les marquis à grand fracas, et les belles ambitieuses» (Musset), sans avoir conscience du rôle politique de l'étiquette et des rites de la Cour : le palais sublime, qui impressionnait toute l'Europe, tenait la noblesse éloignée de ses châteaux... et des velléités d'indépendance. Là, tout se faisait pour le roi et par le roi. Les faveurs, les rentes et les honneurs remplaçaient les privilèges féodaux abolis, les petites intrigues de cour ne laissaient pas de temps pour les grandes machinations. Les courtisans n'étaient pas forcément dupes, mais ils se complaisaient dans leur asservissement à un monarque admirablement décrit par Saint-Simon : «Jamais personne ne donna de meilleure grâce et n'augmenta tant par là le prix de ses bienfaits. Jamais personne ne vendit mieux ses paroles, son sourire même, jusqu'à ses regards [...] Il en était de même de toutes les attentions et les distinctions [...] Le désir de lui être agréable était généralement poussé jusqu'à l'esclavage et aux plus grandes bassesses. »

Concentrée autour d'un roi que les flatteurs comparaient à Apollon, la vie de la Cour était régie par une mécanique implacable. Entouré de nobles enchaînés par les avantages matériels et les honneurs dérisoires, le monarque passait ses journées en représentation, se pliant le premier au protocole de l'étiquette (ses successeurs, tout en respectant les formes, se montrèrent moins rigoureux). Du lever au coucher publics de Louis XIV, le spectacle était minutieusement réglé. Le parfait gentilhomme connaissait le cérémonial par cœur et s'affolait du moindre manquement aux rites. Chacun défendait jalousement ses préséances, indices de son rang, les représentants des plus grandes familles se flattant de privilèges et de charges illusoires. Quel honneur que de voir le roi choisir sa perruque, que d'assister — debout — à son déjeuner ou de lui tendre une carafe! Les grands allaient jusqu'à se disputer le «brevet d'affaires» permettant de

pénétrer dans la chambre de Louis XIV lorsqu'il prenait place sur sa chaise percée...

Chaque jour, jusqu'à la mort du roi, les gens de qualité jouèrent leur rôle, apparemment sans se lasser, se désolant de ne pas être récompensés d'un mot ou d'un sourire, se délassant en jouant au billard (que le roi adorait) ou aux cartes, en assistant aux concerts de Lully et de Delalande, aux spectacles de Molière, aux fêtes en plein air. Si une partie de ce petit monde habitait en ville, un bon millier de grands seigneurs logeait au palais, dans des appartements exigus, parfois dans de véritables «trous à rats» (Saint-Simon); le mobilier était prêté par le garde-meuble royal, les repas arrivaient — presque froids — du Grand Commun, et l'escalier de Marbre portait, chaque matin, la trace tangible de la déficience des installations sanitaires.

Les successeurs du Roi-Soleil

Louis XIV mourut le 1er septembre 1715, à la veille de ses 78 ans et à l'issue d'un règne de près de trois quarts de siècle. Il ne fut pas pleuré par ses sujets, les nobles étant las de leur dépendance et le peuple fatigué des guerres, mais le palais était achevé, témoignage de la splendeur du soleil éteint. Le Régent, le jeune Louis XV et la Cour abandonnèrent le château, qui fut tout juste entretenu pendant sept ans. Devenu le Bien-Aimé, Louis XV revint à Versailles en 1722. Il y et de sa fille, la reine Hortense, mère de Napoléon III, une avenue immense conduit au château-musée de *Malmaison*, un manoir du XVIIe siècle, agrandi sous le Consulat. Napoléon y vécut heureux lorsqu'il était Premier consul et mari de la fantasque Joséphine. Après leur divorce (1809), il offrit la demeure à la belle créole, qui l'occupa jusqu'à sa mort, en 1814. Le château, très simple, ne présente pas, en soi, d'intérêt architectural, mais il a été remeublé dans le style Empire et abrite d'importantes collections relatives à Napoléon et à l'impératrice répudiée. (D'autres souvenirs de l'Empereur, et surtout du roi de Rome, sont réunis dans le proche château de Bois-Préau.) Ancienne dépendance de la Malmaison, le bois de Saint-Cucufa n'est pas loin; un vallon cache le lac

couvert de nénuphars où Joséphine contracta, au cours d'une promenade en barque, le refroidissement dont elle mourut. ■

▲ *Dans le château de Malmaison, propriété personnelle de Joséphine, première épouse de Napoléon, le cabinet de travail-bibliothèque de l'Empereur.*

Des parcs autour de Versailles

En 1678, Louis XIV, qui venait de passer le cap de la quarantaine et qui commençait à se lasser de la pesante étiquette versaillaise, chargea Hardouin-Mansart de lui bâtir un « ermitage » dans son domaine de *Marly*, au nord de Versailles. L'architecte, plutôt que d'édifier un château, construisit un vaste pavillon de marbre blanc, flanqué de douze pavillons plus petits du même matériau, symbolisant le Soleil entouré des signes du zodiaque. Ces bâtiments, délaissés après la mort du

*Château de Versailles :
peint en faux marbre,
mais bâti entièrement en bois,
l'Opéra est une véritable caisse de résonance*
▼ *à l'acoustique exceptionnelle.*

résida toute sa vie, comme son arrière grand-père le Roi-Soleil, mais s'en absenta plus souvent et n'obligea pas la noblesse à lui tenir compagnie.

Sous son règne, l'architecte Jacques-Ange Gabriel (auquel on doit la place de la Concorde, à Paris) apporta au palais de nombreuses modifications. Le Petit Appartement du Roi, où Louis XIV s'était aménagé un musée personnel, fut transformé et agrandi pour le rendre plus confortable. Gabriel ajouta une aile au nord de la cour Royale et, surtout, construisit, pour le mariage du Dauphin et de Marie-Antoinette, le plus joli théâtre du monde, le délicieux Opéra : toute la décoration, réalisée en bois pour des raisons d'acoustique, est peinte en faux marbre dont les teintes douces s'harmonisent avec le bleu des sièges et les ors des bas-reliefs.

Gabriel bâtit également le Petit Trianon, bijou d'architecture que le roi inaugura avec Mme du Barry, la favorite qui avait succédé à la Pompadour. C'est dans ce palais miniature que Louis XV ressentit, au printemps 1774, les premiers frissons de la variole dont il devait succomber au château quelques jours plus tard.

Louis XVI, roi débonnaire, se souciait peu d'apparat. Il vécut à Versailles simplement, se bornant à des remaniements partiels du château : il fit établir de nouveaux cloisonnements dans les Petits Appartements, aménagea une superbe bibliothèque dans l'ancienne chambre de Mme Adélaïde, la troisième fille de Louis XV, et installa des ateliers où il aimait jouer au menuisier, à l'horloger et au serrurier

(ils ont disparu au XIXe siècle). La frivole Marie-Antoinette fit redécorer au goût du jour la chambre de la Reine et modifier par Richard Mique la suite charmante des « cabinets » du Petit Appartement. Elle fit aménager notamment l'adorable Méridienne à pans coupés et décor de roses et le cabinet Doré, tous deux ornés de délicates boiseries par les frères Rousseau.

Indifférente à sa réputation de reine dépensière — on l'avait surnommée « Madame Déficit » —, l'insouciante souveraine commanda à Mique le « Hameau » de Trianon (1782-1784), pour y oublier l'étiquette en jouant à la bergère. Le grand peintre Hubert Robert collabora, dit-on, à cette reconstitution d'une campagne d'opérette, qui coûta fort cher en raison des gros travaux de terrassement qu'elle nécessita. La France s'émut des dispendieux caprices bucoliques de la reine, dont la rumeur publique amplifiait les dépenses. Marie-Antoinette s'amusait dans ses chaumières, inconsciente de la Révolution qui grondait...

Le pays était en ébullition, mais la Cour vivait hors des réalités, agitée par ses petites intrigues : l'« affaire du Collier de la reine » émut bien davantage que les avertissements du lucide Turgot! Le 4 mai 1789, les États généraux se réunirent à Versailles. Le 20 juin, les députés du tiers état prononcèrent leur célèbre serment dans la salle du Jeu de paume, qui existe toujours près du château. Le 14 juillet, le roi se réveilla en sursaut pour apprendre la prise de la Bastille :
« C'est donc une révolte ?
— Non, sire, c'est une révolution. »

Et ce fut la fin. Le 5 octobre 1789, la foule parisienne marcha vers le château, que les émeutiers envahirent à l'aube du 6 octobre, massacrant des gardes, pénétrant dans la chambre de la reine qui s'enfuit à peine vêtue par le passage dérobé qu'elle avait fait construire pour que son mari pût lui rendre visite sans que tout le château fût au courant. L'ordre à demi rétabli par La Fayette, le roi accepta de quitter Versailles pour Paris, et la Cour se dispersa dans l'affolement. Le château n'était plus qu'une immense coquille vide, que la Révolution dépouilla de ses objets d'art et de ses ors...

Un musée des gloires françaises

Napoléon songea à raser le palais, puis se résolut à faire restaurer les façades et le Grand Trianon, qu'il remeubla pour y séjourner brièvement. Louis XVIII ignora le château où il était né. Louis-Philippe décida de transformer le palais délabré en un musée artistique et historique, dédié « à toutes les gloires de la France ». Sur sa cassette personnelle, il fit effectuer les réparations indispensables pour sauver le château de la ruine, mais causa presque autant de

Roi-Soleil parce que très inconfortables, furent rasés au XIXe siècle. Il reste, à l'orée des 2 000 ha de futaies et de taillis de la forêt de Marly, les magnifiques perspectives du parc de *Marly-le-Roi*, coupées de bassins et de pièces d'eau et, sur une plate-forme, le tracé du pavillon du Soleil, où le roi venait se détendre avec quelques familiers. Quant aux célèbres « chevaux de Marly », œuvre de Coysevox et de Coustou, ils ornent maintenant la place de la Concorde, à Paris.

À l'est de Versailles, le *parc de Saint-Cloud* s'étire sur 450 ha entre Marnes-la-Coquette et la Seine, face à Boulogne-Billancourt. Jardins à l'anglaise et à la française alternent avec prairies et bois : une savante composition signée Le Nôtre, avec des secteurs assez sauvages, une

« grande cascade » conçue par Lepautre et Mansart, des jeux d'eau. Il ne reste rien (sinon les communs) de l'ancien château de « Monsieur », frère de Louis XIV, qui vit se dérouler le coup d'État du 18 brumaire (dans l'Orangerie) et le mariage de Napoléon Ier avec Marie-Louise : les Prussiens l'incendièrent en 1870.

La zone basse du parc, en bordure de Seine, touche à la *Manufacture nationale de Sèvres*, créée par Louis XV à l'instigation de Mme de Pompadour, pour la fabrication de la porcelaine dure. Elle abrite le musée national de Céramique, dont les collections de poteries de toutes les époques et de toutes les origines sont parmi les plus riches du monde.

Au sud de Sèvres, les 1 150 ha de la *forêt de Meudon* englobent les bois de Chaville (réputés pour leur

▲ *Marly-le-Roi :*
du château que Louis XIV
se fit construire par Mansart,
il ne reste qu'un beau parc,
agrémenté de bassins et de terrasses.

Le spectacle des grandes eaux,
qui transforme chaque bassin
en une bruissante féerie,
attire une foule nombreuse
▼ *dans les jardins de Versailles.*

dommages que la Révolution : les ailes furent éventrées et les Petits Appartements mutilés, les délicates boiseries et les glaces encore intactes étant arrachées pour faire place à des tableaux.

Les collections permettent de suivre l'histoire de la France à travers ses grands événements et ses personnages célèbres, depuis Louis XII

jusqu'à l'Empire. Les salles du XVIIe siècle occupent la plus grande partie de l'aile nord, entre l'Opéra et la chapelle. Celles du XVIIIe siècle sont logées au rez-de-chaussée du bâtiment central, dans les anciens appartements des enfants de Louis XV. Les salles du XIXe siècle, enfin, occupent le premier et le second étage de l'aile sud ;

muguet), de Viroflay et de Clamart. Au point le plus élevé, Hardouin-Mansart édifia un château pour le Grand Dauphin, fils de Louis XIV. Ce château fut incendié en 1870 et, avec ce qu'il en restait, on fit l'observatoire de Meudon, devant lequel une magnifique terrasse, longue de 253 m et large de 136 m, offre un panorama unique sur Paris. Au pied de la colline, *Meudon*, banlieue résidentielle, conserve deux maisons-musées : celle d'Armande Béjart, la femme de Molière, et la villa des Briants, où résida Rodin.

Au sud-est de Versailles, *Robinson*, célèbre au temps des guinguettes, est encore le but de promenades populaires, avec ses dancings et ses bistrots champêtres, tandis que *Sceaux*, où Colbert se fit construire un château (rasé après la Révolution), a jalousement

reconstitué les jardins dessinés par Le Nôtre : le parc, animé par des jeux d'eau et un grand canal long de 1 km, contient encore une orangerie de J. Hardouin-Mansart, qui sert à présent de salle d'expositions et de concerts. Un château du XIXᵉ siècle abrite les collections du musée de l'Île-de-France, dont les tableaux, les sculptures, les gravures, les céramiques et les maquettes illustrent les transformations de la région parisienne depuis le XVIIᵉ siècle jusqu'à nos jours. ∎

Une ville d'eau à deux pas de Paris

Au nord de Paris, *Enghien-les-Bains* aligne ses luxueuses villas, son casino, ses hôtels, ses restaurants et son établissement

thermal autour d'un joli lac; 12 sources débitent quelque 700 000 litres par jour des eaux les plus sulfureuses de France (voies respiratoires, rhumatismes).

Non loin de là, le pittoresque bourg de *Montmorency* est accroché en nid d'aigle sur un éperon de collines envahies par les vergers et couronnées par la forêt de Montmorency. L'église, de style gothique flamboyant, possède de beaux vitraux Renaissance, représentant les divers ducs de Montmorency qui y étaient jadis inhumés. La maison de Montlouis, où Jean-Jacques Rousseau vécut de 1757 à 1762 et écrivit plusieurs de ses œuvres, abrite maintenant un musée rassemblant de nombreux souvenirs de l'écrivain.

Au nord-est de Montmorency, le *château d'Écouen* fut bâti au

▲ *Lucarnes à frontons sculptés et colonnes à l'antique décorent la cour d'honneur du château Renaissance d'Écouen*

Durant la belle saison, orangers et palmiers sont sortis des galeries voûtées de l'Orangerie de Versailles, ▼ *pour s'épanouir au soleil.*

c'est là que se trouve la fameuse galerie des Batailles, longue de 120 m, où sont exposées d'immenses toiles à sujet militaire.

D'inutiles destructions eurent lieu sous Napoléon III, puis ce fut le désastre de Sedan : le 18 janvier 1871, le roi de Prusse se fit proclamer empereur d'Allemagne dans la galerie des Glaces. Pendant la Commune, l'Assemblée nationale siégea au château : les sénateurs s'attribuèrent l'Opéra, atrocement mutilé; les députés se firent construire une grande salle de séances derrière l'aile du Midi (c'est la salle des Congrès, toujours utilisée pour les réunions exceptionnelles des deux chambres).

La honte de 1871 fut effacée en juin 1919, lorsque le traité de Versailles fut signé dans la galerie des Glaces. Malgré un premier effort de restauration, le palais, à peu près démeublé, était alors dans un état lamentable. Restitutions et réparations lui ont depuis rendu sa splendeur. Des donateurs de tous les pays ont contribué aux frais de restauration et offert des meubles de grande valeur (ayant appartenu au château ou ressemblant à ceux qui s'y trouvaient au XVIIIᵉ siècle, voire au temps de Louis XIV).

Trois millions de visiteurs

Le domaine royal de Versailles (château, jardins et Trianons) couvrait 8 000 ha au Grand Siècle : d'amputation en amputation, il s'est rétréci à 800 ha clos de grilles, de fossés et de murs, à peu près la

surface du Bois de Boulogne. Chaque année, quelque trois millions de visiteurs venus du monde entier s'y pressent, mais bien peu disposent du temps nécessaire pour tout voir : il faudrait deux ou trois journées entières pour explorer sérieusement le palais, découvrir les recoins secrets du parc, les enchantements des Trianons, et de leurs jardins où se niche le délicieux Hameau...

Le château, véritable dédale, est loin d'être livré en totalité au public : quantité de salles et de cabinets sont en attente ou en cours de restauration (les restitutions se font généralement dans l'apparence du XVIIIᵉ siècle, mais les innovations heureuses de Louis-Philippe sont conservées). Dans l'aile nord, on visite — indépendamment des salles du musée — l'Opéra et la chapelle, le premier à heure fixe, avec un conférencier, la seconde librement. Après être monté à la tribune d'où le roi et la reine assistaient aux offices, on passe, par le salon d'Hercule décoré par Robert de Cotte, au bâtiment central, dont le premier étage est occupé par les Grands et Petits Appartements royaux.

Au nord, le Grand Appartement ne comporte que des pièces de réception : six salons en enfilade, portant des noms de dieux et de déesses de l'Antiquité et décorés de peintures, de bronzes dorés, de marbres polychromes et de boiseries. À l'ouest, face à la grande perspective qui se prolonge jusqu'à l'extrémité du Grand Canal, la galerie des Glaces — ou Grande Galerie — s'étire majestueusement entre le salon de la Guerre (à la sortie du Grand Appartement) et le salon de la Paix (à l'entrée du Grand Appartement de la Reine). Large de plus de 10 m, haute de 12,50 m, longue de 73 m, elle est couverte d'une voûte en berceau ornée d'une prodigieuse suite de panneaux glorifiant Louis XIV et célébrant les événements survenus de 1661 à 1678. Le Brun, qu'assistait une équipe de peintres et de sculpteurs, avait tout prévu sur maquettes, jusqu'aux dessins des sculptures et aux symboles ornant les chapiteaux de bronze.

Derrière la galerie des Glaces, l'Appartement du Roi donne sur la cour de Marbre. Aménagé par Mansart, il est décoré dans un style plus sobre que le Grand Appartement. On visite le cabinet du Conseil, décoré sous Louis XV de boiseries dorées; la chambre du Roi, où une balustrade sépare le lit de l'emplacement réservé aux courtisans qui assistaient au lever et au coucher du monarque; le salon de l'Œil-de-Bœuf, éclairé par une baie circulaire; l'anti-chambre du Grand Couvert, où Louis XIV soupait chaque soir en public; la salle des Gardes du roi.

Le Grand Appartement de la Reine donne sur les parterres du Midi. Récemment restaurée, la chambre de la Reine, dont tous les ornements avaient été arrachés sous Louis-Philippe, est devenue l'un des « clous » du château en retrouvant ses ors, ses grisailles, ses meubles et même ses soieries (pour les reconstituer, les canuts

XVIᵉ siècle, pour le connétable Anne de Montmorency, par l'architecte Jean Bullant. C'est l'un des plus beaux témoignages du style Henri II, inspiré de l'antique avec ses colonnes doriques et corinthiennes. Entouré de douves sèches et de parterres fleuris, il enferme, dans trois ailes Renaissance et une aile basse refaite au XIXᵉ siècle, une cour carrée. À chaque angle s'élève un pavillon flanqué de tourelles rondes, et de belles lucarnes armoriées ornent les toits. À l'intérieur, on admire surtout la chapelle et la salle d'honneur, dont les carrelages en faïence de Rouen sont les plus anciens réalisés avec des céramiques françaises. Dans la salle d'honneur, magnifique cheminée monumentale en marbres polychromes, couronnée d'une grande Victoire ailée attribuée à Jean Goujon. ■

Grand Trianon :
le salon des Glaces, décoré
par un assemblage de miroirs
les plus grands que l'on sût
▼ *fabriquer à l'époque.*

La basse vallée de l'Oise

Au nord de la capitale, l'Oise, flanquée d'une double rangée de collines, pénètre dans la région parisienne à *Beaumont-sur-Oise*, une ancienne place forte qui a gardé l'enceinte de son château fort et transformé ses remparts en terrasse. Les frondaisons toutes proches de la *forêt de Carnelle* dissimulent des étangs aux eaux turquoise et une allée couverte, la Pierre Turquaise.

En aval, *L'Isle-Adam* a également sa forêt, séparée de celle de Carnelle par le ru de Presles. Elle entoure d'un éventail de verdure la coquette petite ville, dont la plage attire les baigneurs durant toute la belle saison. L'écluse, les îles et le vieux pont composent un décor charmant, et l'église Saint-Martin possède un beau portail en plein cintre de la Renaissance, ainsi qu'un intéressant mobilier du même style.

Auvers-sur-Oise fut, au XIXᵉ siècle, un rendez-vous d'artistes. Après Corot, Pissaro, Daubigny et Cézanne, Van Gogh vint y peindre, mais surtout s'y faire soigner. Le docteur Gachet, grand ami des peintres, ne put le guérir de ses troubles mentaux, et l'artiste se suicida, à 37 ans, en laissant un célèbre tableau (Louvre) de l'église du bourg, en partie romane avec son gros clocher central.

Pontoise, vieille ville construite en amphithéâtre, a conservé son cœur ancien, aux rues sinueuses et aux raides escaliers. Dans la ville basse, l'église Notre-Dame, reconstruite à la fin du XVIᵉ siècle, a un porche Renaissance; elle contient un tombeau du XIIᵉ siècle et une belle statue médiévale de la Vierge, qui

→

lyonnais ont remis en marche de vieux métiers abandonnés) ; la pièce où dormirent et accouchèrent les trois dernières reines de l'Ancien Régime, où moururent Marie-Thérèse et Marie Leszczyńska, a retrouvé l'apparence qu'elle avait sous Marie-Antoinette : le décor majestueux conçu par Le Brun avait été adouci par des boiseries finement sculptées, des stucs, des camaïeux de François Boucher. Le salon des Nobles, ou Grand Cabinet de la Reine, a gardé son plafond Louis XIV, mais tout le reste de la décoration est Louis XVI. L'Antichambre, où la reine déjeunait en public, est ornée de tapisseries des Gobelins. La salle des Gardes de la reine, au décor Louis XIV, est éclairée par un charmant portrait de Marie-Antoinette par Mᵐᵉ Vigée-Lebrun. Enfin, l'escalier de la Reine, ou escalier de Marbre, est le seul escalier monumental du château depuis la démolition, sous Louis XV, de l'escalier des Ambassadeurs.

À côté de ces pièces d'apparat, les souverains disposaient d'appartements plus intimes, dits « Petits Appartements ». Celui du Roi donne sur la cour de Marbre. Louis XIV s'en servait peu, mais Louis XV le fit aménager par Gabriel pour y vivre confortablement. On visite sa chambre, son cabinet et celui de Mᵐᵉ Adélaïde, ancien appartement de Mᵐᵉ de Montespan, le cabinet de la Pendule (il s'agit d'une pendule astronomique exécutée pour Louis XV par l'horloger Passemant). La bibliothèque et le salon des Jeux de Louis XVI font également partie du Petit Appartement du Roi. Quant au Petit Appartement de la Reine, il se compose de six petites pièces donnant sur une cour intérieure et redécorées par Richard Mique pour Marie-Antoinette.

Mentionnons enfin, au deuxième étage, l'appartement de Mᵐᵉ du Barry, dont plusieurs pièces ont été restaurées.

Les jardins de Le Nôtre

Vers l'ouest, le château déploie les 580 m de son imposante façade à trois étages, rythmée par des avant-corps à colonnes et couronnée par une balustrade ponctuée de vases et de trophées, face aux prestigieux jardins à la française créés par Le Nôtre. Dans l'ensemble, ceux-ci ont peu changé depuis le Grand Siècle, bien que leurs fragiles charmilles aient été remplacées par de grands arbres formant voûte au-dessus des allées. Leurs bosquets et leurs quinconces encadrent la grande perspective formée par les bassins des parterres d'Eau et de Latone, le Tapis vert, ancienne « allée royale », long de 333 m et bordé de vases et de statues, le bassin d'Apollon (avec un groupe de Tuby, d'après Le Brun) et le Grand Canal, long de 1 650 m, large de 62 m. Jadis prolongé par une interminable avenue bordée d'arbres, doté d'une croisée longue de plus de 1 000 m, le canal

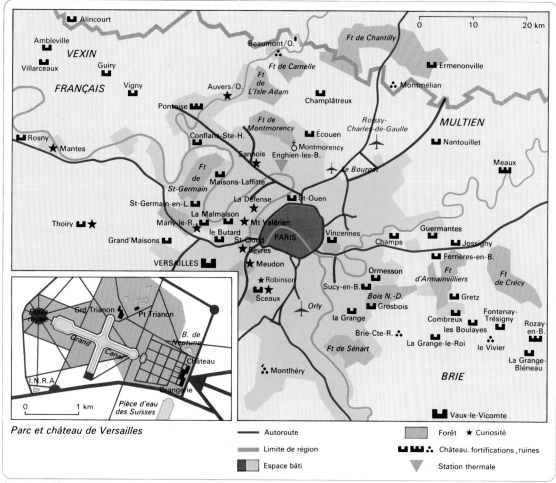

Parc et château de Versailles

Autoroute		Forêt	★ Curiosité
Limite de région			Château, fortifications, ruines
Espace bâti		▼ Station thermale	

est l'objet d'un pèlerinage. Dans la ville haute, l'église Saint-Maclou date du XIIᵉ siècle, mais a été remaniée à plusieurs reprises : le chœur appartient au style gothique primitif, alors que la façade est flamboyante et que le clocher porte un dôme Renaissance.

L'Oise rejoint la Seine en aval de *Conflans-Sainte-Honorine* (dont le nom vient de « confluent »), au lieu-dit Fin-d'Oise. C'est un important centre de batellerie, dont les quais sont toujours encombrés de péniches arrivant du Nord ou de Rouen. Le vieux bourg est bâti sur une colline, au-dessus des quais ombragés de tilleuls. Du château fort des seigneurs de Conflans, il ne reste qu'un donjon en ruine. L'église Saint-Maclou abrite la châsse de sainte Honorine et les tombeaux de deux ducs de Montmorency. ■

était le théâtre d'extraordinaires fêtes nautiques : une flotte miniature naviguait sur ce plan d'eau, animée par une équipe de gondoliers logée dans les maisons voisines de la « Petite Venise ».

Perpendiculaire au premier, le second axe des jardins relie, par les parterres du Midi et du Nord, l'Orangerie au bassin de Neptune. Au sud, l'Orangerie abrite en hiver plus d'un millier d'arbres, dont un oranger tricentenaire; elle fait face à la vaste pièce d'eau creusée, en 1679, par les gardes suisses. Au nord, l'allée d'Eau, ou allée des Marmousets, est bordée de petits bassins de marbre ornés de statues d'enfants en bronze. Derrière le bassin du Dragon — dont le jet d'eau atteint 27 m —, le bassin de Neptune, le plus grand de tous, est décoré de vases et de sujets en plomb; commencé par Le Nôtre et Hardouin-Mansart vers 1678, il fut achevé trois quarts de siècle plus tard par Gabriel; le groupe central de Neptune et d'Amphitrite est de Sigisbert Adam.

Les jardins sont ornés de nombreuses fontaines et de « bosquets », ensembles mêlant architectures fantaisistes, statuaire et plantations : la salle de Bal, ou bosquet des Rocailles, le bosquet de la Reine, la salle des Marronniers, la Colonnade, œuvre remarquable de J. Hardouin-Mansart, les Bains d'Apollon, curieuse composition imaginée par Hubert Robert, le bosquet des Dômes... La partie du domaine entourant le Grand Canal, dite « petit parc », est encerclée par le « grand parc ».

Le Grand et le Petit Trianon

Les Trianons, merveilleuses « dépendances » du château, sont isolés dans la partie nord du parc et entourés de jardins : leur grâce, leur élégance et la fantaisie du proche Hameau de la Reine contrastent avec la majesté Grand Siècle du château.

Le Grand Trianon (ou Trianon de marbre) de Jules Hardouin-Mansart est un édifice tout en longueur. Parfaitement restauré, meublé dans le style Empire, il est doté d'aménagements modernes (climatisation et installation de cuisines en sous-sol) qui permettent d'y recevoir les hôtes illustres de la France et leur suite. Il se compose de deux corps de bâtiment, pareillement formés d'une succession de hautes fenêtres en plein cintre, alternant avec des pilastres de marbre rose. Ces deux corps sont réunis par un péristyle, et une balustrade couronne le tout. L'aile gauche abrite le salon des Glaces, la chambre de l'Impératrice — qui fut celle de Louis XIV avant d'être affectée à Marie-Louise —, le salon de la Chapelle et celui des Seigneurs. L'aile droite, plus importante, recèle une enfilade de salons, le cabinet du Couchant — orné de peintures datant de Louis XIV et d'un somptueux mobilier Empire —, les petits appartements de l'Empereur et la Grande Galerie, où de fraîches compositions de Cotelle montrent le domaine végétal de Le Nôtre tel qu'il était au Grand Siècle. Dans les communs a été aménagé un intéressant musée des Voitures, dont la pièce maîtresse est le carrosse doré du sacre de Charles X.

À cinq minutes de là, le Petit Trianon est un ravissant hôtel particulier que Louis XV avait commandé à Gabriel pour la Pompadour. Celle-ci étant morte avant la fin des travaux, le roi l'inaugura avec sa nouvelle favorite, Mᵐᵉ du Barry. Louis XVI en fit don à Marie-Antoinette, qui s'y plaisait beaucoup plus qu'au palais. En dépit de ses balustres, de ses pilastres et de ses colonnes, cette résidence paraît bien modeste par rapport à Versailles : ce n'était, à l'époque, qu'une « folie » campagnarde. Très éprouvée par la Révolution, elle fut transformée... en auberge, puis réaménagée pour Pauline Borghèse, la tumultueuse sœur de Napoléon. Le premier étage, minutieusement restauré, comporte notamment une salle à manger aux merveilleuses boiseries décorées de peintures allégoriques jadis décrétées « polissonnes », un grand salon luxueusement remeublé et la chambre de la Reine, restituée dans son ancienne apparence autant que faire se pouvait (une partie du mobilier appartint réellement à Marie-Antoinette).

Les sinueuses allées d'un jardin vallonné, parsemé de plans d'eau artificiels, mènent au Hameau créé par Richard Mique pour Marie-Antoinette : autour d'un étang, des chaumières composent un véritable décor de théâtre. Le retour à la nature selon Jean-Jacques Rousseau, mais repensé pour une reine! D'autres constructions, moins rustiques, égaient les jardins : temple de l'Amour, salon de Musique, théâtre de la Reine et surtout le délicieux Pavillon français, construit par Gabriel pour Mᵐᵉ de Pompadour avant l'édification du Petit Trianon.

châteaux en forêt
de Fontainebleau
à Rambouillet

◄ *Charme Renaissance*
et pompe impériale,
l'entrée du château de Fontainebleau :
la grille de Napoléon Iᵉʳ.

A proximité de la capitale,
la forêt de Fontainebleau déploie ses milliers d'hectares de verdure,
univers insolite dont les « monts » et les « chaos »
offrent aux Parisiens avides de nature et d'espace
un choix de promenades d'une variété incomparable.

Bouleaux et fougères
rebouchent les trous
que creusent périodiquement
les incendies.

Un des sites ▲
les plus célèbres de la forêt,
les gorges d'Apremont.

Des sentiers balisés ▶
sillonnent la forêt
et permettent d'en découvrir
les multiples aspects.

Les imposants blocs de grès
qui parsèment la forêt
de Fontainebleau
ne sont pas le moindre
de ses attraits.
Amoncelés en entassements
spectaculaires
ou isolés parmi les arbres,
ils forment des grottes
et des cavernes,
ou dressent leur silhouette
fantasmagorique
au détour d'un sentier,
monstres pétrifiés
qui, dit-on, reprennent vie la nuit
pour aller s'abreuver
dans les mares
au charme romantique.

Étranges fantaisies
de l'érosion :
les rochers tourmentés
▼ *de Franchard.*

▲ *Jaillissant du sable
entre les rocs gris,
les pins au tronc rose.*

◄ *La mare aux Fées,
un des rares points d'eau
de la forêt.*

Fontainebleau. 5

En automne,
les hêtres se parent
◄ *de toute la gamme des ors.*

Haute futaie ▲
près de Barbizon.

Tendus vers le ciel,
les fûts dépouillés
des pins.
◄◄

Si les frondaisons
de la forêt de Fontainebleau
promettent toutes les joies
de l'air pur et du retour à la nature,
elles forment aussi,
grâce à la diversité des essences
qui les composent,
un merveilleux décor,
multiforme et changeant,
qui a toujours séduit
les artistes.

Fontainebleau. 7

▲ *Façade du château*
de Fontainebleau
sur la cour du Cheval-Blanc
(ou cour des Adieux).

Au cœur de la forêt, près d'une source appelée «fontaine de Bleaud»,
les rois firent construire un rendez-vous de chasse.
François Ier en fit un palais,
Henri II le décora, Henri IV en doubla la surface,
Louis XIII y naquit et le dota d'un escalier en forme de fer à cheval,
Louis XV s'y maria,
Louis XVI y aménagea des appartements pour Marie-Antoinette,
et Napoléon y imprima sa marque indélébile
en y faisant ses adieux à la Vieille Garde,
avant de partir pour l'île d'Elbe.

8. Fontainebleau

Dans la cour Ovale, ▶
la plus ancienne du château,
le portique de Serlio.

Côté jardin,
les bâtiments de la cour Ovale
▼ et de la cour des Offices.

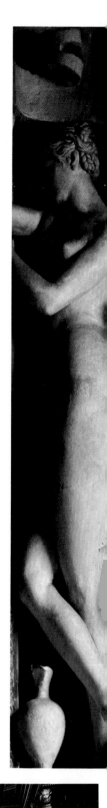

▲ *La porte Dorée,*
ancienne entrée
principale du château,
et sa loggia à l'italienne.

Joyau de la Renaissance ▶
et chef-d'œuvre
de l'école de Fontainebleau,
la galerie François-Ier,
décorée par le Rosso.

10. Fontainebleau

▲ *Stucs et fresques du Primatice, fondateur de la première école de Fontainebleau, décorent l'escalier du Roi.*

Grand amateur du style Renaissance, dont l'Italie avait alors le monopole,
François Ier alla chercher dans ce pays des artistes en renom,
auxquels il confia la décoration de son palais.
Groupés autour du Primatice et du Rosso, peintres et sculpteurs
se livrèrent à une débauche de fresques et de stucs, où les personnages allégoriques
et mythologiques voisinent avec des guirlandes de fruits et de gracieuses nudités.
Tempérée par une certaine préciosité en vogue à la cour de France, l'exubérance latine
créa un style nouveau, auquel on a donné le nom d'«école de Fontainebleau».

▲ *Les promenades équestres sont l'un des grands attraits de la forêt.*

T« outes les grandeurs se trouvent dans une forêt, mais aussi tous les sortilèges », disait Shakespeare. Pour l'homme d'aujourd'hui, malmené par le rythme accéléré et asphyxiant des grandes villes, la forêt est un lieu de détente privilégié, une inépuisable réserve d'air pur et son aura de mystère et de légendes a survécu aux millénaires.

Pour les Parisiens, les forêts de l'Ile-de-France sont un exceptionnel terrain d'évasion. Au sud de la capitale, celles de Fontainebleau et de Rambouillet, longtemps réservées au plaisir des puissants qui y installèrent de fastueux palais, offrent désormais aux touristes du week-end les charmes de leur solitude relative, l'originalité de leurs sites, la douce luminosité de leur ciel.

L'antique forêt de Bière

Jusqu'à la seconde moitié du XVIIe siècle, on l'appela « forêt de Bière » (ce nom est encore accolé à celui de plusieurs localités voisines). Puis on la rebaptisa « forêt de Fontainebleau » en hommage à la cité des rois dont elle est le prestigieux écrin. La forêt domaniale couvre aujourd'hui environ 17 000 ha, auxquels il faut adjoindre les étendues de bois communaux ou particuliers qui lui sont contiguës, ce qui porte à quelque 25 000 ha sa superficie totale. Ce vaste ensemble est enserré par le cours sinueux de la Seine (au nord et à l'est), par la vallée du Loing (au sud-est) et par celle de l'Essonne (à l'ouest). Paris n'est pas loin : une soixantaine de kilomètres, et la forêt de Fontainebleau est aisément accessible par le rail comme par l'autoroute qui, d'ailleurs, la traverse de part en part. À ses 300 km de sentiers balisés s'ajoutent maintenant 1 680 km de routes forestières. Mais, si ouverte soit-elle, et sans cesse plus envahie par le tourisme, la forêt conserve son originalité pour qui veut bien sortir des sentiers battus.

Aux temps lointains de la préhistoire, on y chassait, mais pour se nourrir. Les Romains y introduisirent faisans et perdrix. Superbe terrain de chasse convoité des seigneurs, la forêt entra dans le domaine royal dès le IXe siècle. Tantôt entourée de murs (Louis VI le Gros la dota, en 1120, d'une enceinte dont il reste encore des traces), tantôt accrue de parcelles, elle fut néanmoins longtemps abandonnée à elle-même. Les rois aimaient à y chasser. Henri IV y aurait rencontré le légendaire « Grand Veneur », autrement nommé le « Chasseur noir », sorte de fantôme entouré d'une meute, que le sage Sully lui-même évoque dans ses Mémoires. Plus tard, Louis XIV, reprenant la tâche entreprise par François Ier — et suivi par Louis XV — favorisa l'élevage du petit et du gros gibier. Après eux, la forêt s'endormit près d'un siècle durant, pour ne s'éveiller que sous le second Empire, au bruit de chasses particulièrement éclatantes.

En fait, hormis les chasseurs royaux, les bûcherons, les carriers et les charbonniers, quelques ermites et des bandits, rares étaient ceux qui osaient s'aventurer dans les profondeurs de la forêt, car il était quasi impossible d'y trouver son chemin dans l'enchevêtrement d'arbres, de bruyères, de ronces et de rochers.

Le « sylvain » passionné

Inexplorée, la forêt aurait pu le demeurer longtemps encore sans Claude François Denecourt. Cet ancien soldat de l'armée impériale, contraint à la retraite par le retour de la monarchie, s'installa à Fontainebleau en 1832. Séduit par la forêt, il se consacra à son exploration jusqu'à sa mort, survenue en 1875. Déblayant les grottes, mettant à nu des roches aux formes étranges, dégageant les plus beaux sites de leur gangue, sans aide, sans subvention, sans autorisation même, il traça 160 km de sentiers, qu'il balisa à l'aide de traits et de flèches de couleur bleue, malgré l'opposition des gardes forestiers et l'hostilité des peintres qui l'accusaient de dénaturer le paysage. L'Administration finit par reconnaître l'intérêt de cette mise en valeur, le travail du « sylvain » facilitant la surveillance et l'exploitation du massif bellifontain. Après sa mort, un autre « sylvain », C. P. Colinet, conducteur retraité des Ponts et Chaussées, poursuivit l'œuvre du pionnier et, à partir de 1925, la « Société des amis de la forêt de Fontainebleau » s'attela à la même tâche, repérant, défrichant et fléchant de nouveaux circuits (qui, d'ailleurs, recoupent souvent les anciens tracés).

Sans le vieil « homme des bois », sans sa patience et son courage, sans son travail acharné et solitaire, la forêt de Fontainebleau ne serait pas ce qu'elle est aujourd'hui.

Têtes de rocs...

« En certains endroits, se voient des affreuses montagnes qui semblent égaler le sommet du mont Olympe, où s'y trouvent plusieurs grosses mules et d'horribles pierres. En d'autres lieux sont plusieurs sablonnières. » Cette description, qui date du XVIIe siècle, nous semble aujourd'hui bien loin de la réalité, car la forêt est justement célèbre à cause de ses amoncellements rocheux, de ses étendues sablonneuses et de ses magnifiques futaies. C'est à sa situation sur des affleurements de grès et de sables (appelés « de Fontainebleau »), qui atteignent en certains points 70 m de profondeur, qu'elle doit la diversité de ses paysages.

Des joies de l'escalade

Les rochers de Franchard, avant d'être fréquentés par nos modernes varappeurs, ont, semble-t-il, tenté de moins sportifs. Ainsi la Grande Mademoiselle nous rapporte-t-elle qu'il prit envie au Roi-Soleil « de s'en aller promener dans les rochers les plus incommodes du monde et où [...] il n'avait jamais été que des chèvres ». Ce caprice royal marquait-il les débuts de l'escalade en forêt de Fontainebleau? Peut-être bien, car les émules allaient être nombreux. Alfred de Musset, notamment, éprouva avec George Sand les joies de ce sport (qui n'en était pas encore un).

De nos jours, le Club alpin français permet aux apprentis grimpeurs de s'initier à la varappe, aux grimpeurs plus expérimentés de s'entraîner et de se perfectionner en vue des circuits en haute montagne. C'est ainsi que, chaque week-end, les « Bleausards » s'attaquent aux divers chaos rocheux que recèle la vaste forêt domaniale. Des circuits y ont été tracés, réunissant toutes les difficultés, savamment dosées en six degrés, que doit savoir affronter un véritable alpiniste. Pour n'en citer que quelques-uns : rochers Canon, du Cuvier-Châtillon, de Saint-Germain, du Mont-Ussy, d'Apremont, de Franchard.

Cette formule d'escalade typiquement bleausarde, qui allie souvent la randonnée à l'« alpinisme » proprement dit, se retrouve dans les massifs voisins de celui de Fontainebleau. À la lisière du bois de la Commanderie, Larchant possède de beaux ensembles gréseux qui attirent les grimpeurs; mais l'imposante Dame-Jouanne (15 m, le plus haut rocher des environs de Paris) est réservée aux «fins» spécialistes. Le massif des Trois-Pignons a aussi ses circuits d'escalade : Châteauveau, rocher Fin, rocher des Potets. De même, dans la région qui s'étale entre la Juine et l'Essonne, notamment autour de Boissy-le-Cutté et de La Ferté-Alais, dans cette marge du Hurepoix, le grès a façonné d'intéressants ensembles, riches en difficultés pour les rochassiers et que l'on méconnaît à tort : Videlles et sa falaise, les dalles de la Padole, le Pendu. ■

▲ *Plaisirs de la montagne en pays de plaine : escalades en forêt de Fontainebleau.*

Chaos rocheux sur fond de verdure,
▼ *les gorges d'Apremont.*

Les grès forment des alignements étroits et morcelés, orientés d'est en ouest et séparés par des vallées profondes ou des gorges dont les versants sont souvent encombrés de blocs rocheux descendus des « sommets ». Les plus spectaculaires de ces entassements sont ceux des gorges d'Apremont et de Franchard. Mais il faut voir aussi la gorge aux Loups, les Étroitures et le Long Rocher, les rochers Canon et Cuvier-Châtillon, la longue crête des rochers de Milly. Qui souhaite une vue d'ensemble doit parcourir la route des Hauteurs-de-la-Solle ou grimper sur la plate-forme de la tour Denecourt, bâtie par le premier « sylvain » et réédifiée par le second.

Appuyés les uns aux autres, ces blocs abritent des cavernes et des grottes qui font de la promenade une découverte sans cesse renouvelée. Toutes les formes se succèdent, de la pierre tabulaire aux boules et aux « sculptures » les plus curieuses, silhouettes étranges qui portent des appellations de légende (cavernes des Brigands, grottes des Sorciers, de Lucifer, de Barbe-Bleue) ou des noms évocateurs (Éléphant d'Apremont, Tortue de Franchard, Roche-qui-pleure, Roche-qui-remue). En plus du plaisir des yeux, ces curiosités naturelles offrent des possibilités d'escalade qui en font des sites de choix pour l'initiation et l'entraînement à la varappe.

Par endroits, la gangue de grès, plus compacte, s'étale en *platières* (ou landes), plates-formes imperméables où se plaît la bruyère et où se sont installées quelques mares qui ajoutent à la variété et au pittoresque des paysages forestiers (platières de la Touche-aux-Mulets, de Franchard et d'Apremont).

... et panaches de hêtres

Plaines sableuses, que Saint Louis appelait ses «chers déserts», *monts* et *buttes, platières* et *chaos*, cet univers insolite est peuplé d'essences forestières variées où dominent les chênes. Certains de

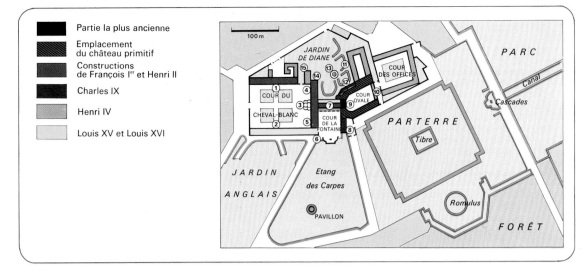

Pour se faire une idée d'ensemble du château, témoignage architectural de quatre siècles, il convient d'en faire le tour, ce qui ne demande pas moins d'une trentaine de minutes. Au fond de la cour du Cheval-Blanc (un cheval de plâtre en occupa le centre sous Charles IX), l'ample escalier du Fer-à-Cheval précède un bâtiment central aux façades blanches coiffées de toits aigus en ardoise.

Un passage voûté mène à la cour de la Fontaine et à l'étang des Carpes, qui borde le jardin anglais. Très curieusement, c'est à Fontainebleau que la carpe est entrée dans la légende. Plus encore que sa taille — celle d'une harpe, comme l'écrivait Jean Loret vers

Plan du château et des jardins.

1. Aile de François Ier, ou aile des Ministres.
2. Aile Louis-XV.
3. Escalier dit « du fer à cheval ».
4. Pavillons de façade.
5. Appartements des reines mères.
6. Musée chinois.
7. Galerie François-Ier, terrasse Henri-IV et appartements de Napoléon Ier.
8. Aile de la Belle-Cheminée.
9. Ailes anciennes et appartements royaux.
10. Porte du Baptistère.
11. Galerie de Diane.
12. Appartements de la reine.
13. Fontaine de Diane.
14. Chapelle de la Sainte-Trinité.
15. Jeu de paume.

ceux-ci, plusieurs fois centenaires, s'élèvent à plus de 30 m, avec des circonférences imposantes. On les a baptisés de noms illustres ou poétiques : La Fayette, Racine, Chêne des Fées. Jupiter, le plus grand, sis à la Vente des Charmes et vieux de quelque six cents ans, mesure 6,30 m de circonférence et 35 m de hauteur. Le hêtre, qui s'accommode moins bien du manque d'humidité, est cependant abondant : il accompagne le chêne dans les grandes futaies (Bas-Bréau, Gros-Fouteau, La Tillaie) qui avoisinent la route de Paris, ainsi que dans celle des Ventes à la Reine, près de Bourron-Marlotte. À l'automne, chênes et hêtres arborent de splendides couleurs jaunes et rousses. On trouve des pins, introduits lors de reboisements il y a plus d'un siècle : pin sylvestre, qui colonise les terrains sablonneux et se plaît au milieu de rochers; pin maritime, en petit nombre, car la forêt connaît des hivers rigoureux; pin laricio et pin noir, là où affleure le calcaire. Des épicéas ont été plantés. Et, disséminés : érables, châtaigniers (dans les endroits frais), bouleaux (là où les incendies ont exercé leurs ravages), ormes, sorbiers, alisiers blancs, frênes, houx, genévriers.

L'extrême variété de formes et de couleurs de ces frondaisons changeant au rythme des saisons n'a pas manqué d'inspirer de nombreux peintres. C'est peut-être Théodore Rousseau qui sut le mieux traduire la beauté de cette nature. Grâce à son pinceau, le chêne de la Roche-Cuvier connut la célébrité au Salon de 1861.

Mais la variété de ses essences n'est pas le seul trésor de la forêt de Fontainebleau, qui possède plus de 5 600 espèces végétales (dont 675 espèces de lichens, près de 3 000 variétés de champignons, et certaines plantes médicinales) et quelque 6 600 espèces animales (dont une étonnante variété d'insectes, près de 200 espèces d'oiseaux et toute une gamme d'animaux sauvages : cerfs, sangliers, blaireaux, renards, pour ne citer que les plus gros). C'est là un patrimoine qui méritait d'être préservé.

Aussi, cet ensemble forestier, hanté par de longs siècles d'histoire, avec ses allées ombragées et ses larges carrefours reliés entre eux par la route Ronde (créée par Henri IV et jalonnée de croix rappelant l'emplacement d'anciens rendez-vous de chasses royales), avec ses amoncellements gréseux et ses sombres futaies, est-il aujourd'hui soigneusement entretenu. Des réserves biologiques protègent ce que la forêt possède de plus remarquable. Quatre zones de silence ont été délimitées, interdites à l'automobile, et qui, par là, facilitent les promenades à bicyclette, à pied ou à cheval, car de nombreux manèges s'installent en bordure de la forêt. Grâce à des sentiers de grande et de moyenne randonnée, balisés et répertoriés, à seize terrains de camping et à un terrain de caravaning, le visiteur tant soit peu curieux peut goûter pleinement les charmes de cette sylve avant de découvrir le joyau qu'elle enchâsse : Fontainebleau.

Au cœur de la forêt, une ville, un palais

« La maison des Siècles », « la vraie demeure des rois », c'est ainsi que Napoléon surnommait le château de Fontainebleau. Cette somptueuse résidence se présente, en effet, comme un ensemble

1660 —, sa longévité fut l'objet de stupéfiantes assertions. Selon Marie de Médicis, certaines des carpes auraient atteint plusieurs centaines d'années (jusqu'à 800 ans pour l'une d'entre elles). Au XIXe siècle, le marquis de Bonnay, gouverneur du château, prétendait encore que la Révolution avait anéanti des carpes qui vivaient là paisiblement depuis François Ier. La réalité est moins poétique. L'introduction de ces poissons au château de Fontainebleau remonte à Henri IV : elles furent données au roi par Charles de Vaudémont, duc de Lorraine. À trois reprises, elles furent exterminées : en 1815 par les envahisseurs cosaques affamés, en 1886 par une maladie inconnue, et en 1944 par les officiers allemands.

La porte Dorée (XVIe s.) donne ensuite accès à la chaussée de Maintenon, qui suit les appartements de la favorite et la salle de bal. La porte Dauphine, ou du Baptistère, ouvre sur la cour Ovale, en face de laquelle la grille des Hermès donne accès à la cour des Offices (ces deux cours ne sont pas ouvertes au public). Contournant l'aile des Princes, construite sous Louis XV, on arrive au jardin de Diane, pour regagner ensuite la cour du Cheval-Blanc en longeant le jeu de paume.

L'intérieur du château, de la même manière, permet, d'appartements en galeries, une déconcertante et exaltante flânerie à travers les siècles. Renaissance, maniérisme, raffinement XVIIIe siècle et richesse premier Empire voisinent en bonne intelligence. Ce n'est qu'à partir du « siècle des Lumières » que les ébénistes signèrent leurs créations, et les estampilles les plus prestigieuses se retrouvent ici.

La « chambre des six Marie » (Marie de Médicis, Marie-Thérèse, Marie Leczinska, Marie-Antoinette, Marie-Louise, Marie-Amélie), qui fut en dernier lieu habitée par l'impératrice Eugénie, est célèbre par les tentures au décor dit « de la perdrix blanche », de Philibert de La Salle. L'ensemble rocaille du cabinet du Conseil est un chef-d'œuvre de goût avec son plafond à caissons peint par Boucher, ses murs ornés par Carl Van Loo et Jean-Baptiste Pierre, et ses tapis de la Savonnerie. Le boudoir de Marie-Antoinette, dessiné par l'architecte Mique, avec ses panneaux dont les motifs pompéiens sont peints sur fond de vernis nacré, son parquet d'acajou au chiffre de la reine et son petit bureau à cylindre de Riesener, marqueté de nacre, est une pure merveille. Quant aux meubles et objets d'art Empire, on les trouve évidemment dans les appartements de l'Empereur et de l'Impératrice : sévérité des lignes, rappel de l'Antiquité et recherche de l'effet. ■

Les « Peint'à Ganne »

« Une auberge à la lisière
De la forêt d'Fontain'bleau
Où s'en vont boire de l'eau
Les peintres à la lisière.
Quand on voit quell'barbe y-z'ont
On dit qu'i sont d'Barbizon.

« C'est l'auberge du Père Ganne.
On y voit d'beaux panneaux
Peints par des peintres pas no-
Vices et qui ne sont pas ânes.
Les peintres de Barbizon
Peignent comme des bisons. »

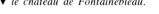

Au cœur de la forêt
dont les frondaisons
se mêlent à celles de son parc,
▼ le château de Fontainebleau.

composite articulé autour de six cours d'âges différents, où se juxtaposent les divers styles imposés par les royaux propriétaires qui s'y succédèrent au fil des siècles. Ce qui pourrait paraître anarchique revêt finalement une certaine unité et une indéniable grandeur. De simple rendez-vous de chasse royal, le château de Fontainebleau est peu à peu devenu l'un des trois grands palais des rois de France.

Auprès de la fontaine de Bleaud *(fons Bleaudi)*, au cœur de la giboyeuse forêt de Bière, Louis VI le Gros éleva au début du XIIe siècle un petit castel. Louis VII l'occupa, ainsi que son fils Philippe Auguste. Saint Louis ajouta un donjon aux bâtiments existants. Philippe III, Philippe IV le Bel (qui y naquit et y mourut : « la même couche », lit-on dans les chroniques, « lui servit de berceau et de tombe »), Louis X le Hutin, Philippe VI, Jean le Bon et Charles VI y séjournèrent. Mais c'est avec François Ier que Fontainebleau connut son âge d'or. S'il s'y établit dès 1517, le roi n'entreprit qu'en 1528 de faire raser presque totalement le manoir médiéval pour édifier, sur son emplacement, un nouveau palais dans le goût de l'époque, en grès, brique et pierre blanche. Furent conservées une partie de l'ancien donjon et la disposition « en fer à cheval » des bâtiments qui encadrent la cour Ovale (là se trouvent aujourd'hui les plus belles parties Renaissance). Puis on greffa des corps de logis : la longue et majestueuse galerie François-Ier, ainsi que les ailes qui entourent la cour de la Fontaine et la basse cour (dite « du Cheval-Blanc » depuis Charles IX). Les architectes (parmi lesquels Gilles Le Breton et Pierre Girard) étaient français; mais, aux Italiens qu'il admirait fort, le roi confia la décoration intérieure, car il la voulait aussi somptueuse que celle des palais romains. Il fit venir le Rosso et le Primatice, qui s'entourèrent de peintres et de sculpteurs. De leur art, d'un faste tout latin mais nuancé par le contact de la France, naquit la célèbre école de Fontainebleau.

Ces travaux furent poursuivis par Henri II et Catherine de Médicis, puis par Charles IX qui, le temps de son court règne, fit doubler, du côté du jardin de Diane, le bâtiment nord de la cour Ovale, et prolonger l'aile est de la cour de la Fontaine. Jusqu'à l'avènement de Henri IV, le calme du palais ne fut guère troublé que par les rares mais splendides fêtes données par la reine Catherine. Le Béarnais, qui avait beaucoup de tendresse pour Fontainebleau, y fit de nombreux séjours entre 1593 et 1610. Il doubla la superficie des bâtiments et des jardins, cerna de trois grandes ailes la cour des Offices, éleva le jeu de paume, et construisit, pour Gabrielle d'Estrées, la grande galerie de Diane.

Les rois de France qui lui succédèrent furent tous sensibles à la beauté du palais, auquel ils apportèrent maints aménagements. À Louis XIII, qui y naquit et y fut baptisé, on doit le fameux escalier à deux volées de la cour du Cheval-Blanc, œuvre de Jean Androuet Du Cerceau. Bien qu'ayant une préférence marquée pour Versailles, Louis XIV ne se montra pas ingrat à l'égard de la vieille demeure qui avait vu les ébats de son enfance; il fit redessiner les jardins par Le Nôtre et transformer les appartements de Mme de Maintenon par Hardouin-Mansart. Louis XV, quant à lui, choisit le cadre de

▲ *Une toile illustre
de l'école de Barbizon :
les Glaneuses,
de J.-F. Millet. (Musée du Louvre.)*

Ainsi va la complainte. Le « Père Ganne », modeste aubergiste du petit village de Barbizon, est aujourd'hui passé dans l'histoire. Son renom, il le doit à la bienveillante hospitalité que rencontrèrent chez lui de nombreux artistes épris de solitude et d'authenticité. En effet, au milieu du XIXe siècle, se forma autour de son auberge une véritable « colonie » de peintres paysagistes, dont le chef de file fut Théodore Rousseau (1812-1867). La vieille sylve de Fontainebleau, jusque-là méconnue, devint bientôt célèbre. Ses arbres majestueux, tordus par le temps, ses entassements rocheux, ses sites sauvages séduisirent ces héritiers du romantisme, qui en tirèrent des compositions souvent empreintes de pathétique. À travers la forêt, c'est la Nature que célébraient les peintres. Jules Dupré (1811-1889), Narcisse Diaz de la Peña (1807-1876), Charles François Daubigny (1817-1878) et surtout Jean-François Millet (1814-1875) firent l'expérience de cette vie vouée à la contemplation et à la joyeuse entente que connaît tout groupe d'esprit. Rarement l'art pictural a été aussi proche de l'univers forestier et rural. Dans ce courant s'insèrent les villages voisins de Marlotte et de Chailly, qui devinrent d'autres retraites d'artistes.

Barbizon eut aussi ses peintres animaliers, qui connurent une certaine renommée sous le second Empire : Constant Troyon, Rosa Bonheur, Charles Jacques. Mais ils n'atteignirent pas au rayonnement international des paysagistes qui, par leur peinture tonale et leur souci de sincérité, préfiguraient le mouvement impressionniste.

Fontainebleau pour épouser Marie Leczinska. Il rénova la décoration intérieure du château, léguant ainsi à la postérité des ensembles décoratifs qui comptent parmi les plus beaux du XVIIIe siècle, et fit reconstruire complètement l'aile sud de la cour du Cheval-Blanc, non sans détruire la fort belle galerie d'Ulysse. Louis XVI et Marie-Antoinette firent doubler la galerie François-Ier côté jardin de Diane, et adaptèrent au goût du jour une partie des décorations.

Avec Napoléon, le château de Fontainebleau, que la Révolution avait épargné (il servit de lieu de détention à des victimes de la Terreur), retrouva sa splendeur d'antan. L'Empereur dépensa près de douze millions-or entre 1805 et 1812 pour en faire ce « quelque chose » qui demeure indissolublement lié à sa destinée personnelle. C'est à Fontainebleau qu'il garda captif le pape Pie VII et lui arracha, le 25 janvier 1813, le fameux Concordat qui fut désavoué par ce dernier deux mois plus tard. C'est à Fontainebleau encore qu'à la fin de la campagne de France il signa, le 6 avril 1814, son acte d'abdication, puis, le 20 avril, fit ses adieux à la Vieille Garde réunie dans la cour du Cheval-Blanc dont il avait fait sa cour d'honneur (depuis, on l'appelle aussi « cour des Adieux »). C'est à Fontainebleau toujours que, revenant de l'île d'Elbe, il passa en revue ses grenadiers avant de se rendre aux Tuileries.

Avec la chute de l'Empire prenait fin la grande histoire de Fontainebleau. Charles X vint y chasser, Louis-Philippe s'efforça d'égaler l'Empereur... en engloutissant beaucoup d'argent dans des restaurations fort discutables. Napoléon III fut plus heureux dans ses aménagements; nous lui devons le plus charmant petit théâtre que le second Empire nous ait légué. Et à l'impératrice Eugénie revient l'installation des salons chinois. Enfin, le président Sadi Carnot y résida cinq étés durant. On y donna des fêtes, souvent brillantes... Mais le château de Fontainebleau, déjà, n'appartenait plus qu'au passé.

Les villages des bois

Le sol de la forêt de Fontainebleau, sec et peu propice à la culture, n'encourageait pas l'homme à y aventurer sa charrue. Ce fut donc en lisière du massif forestier que s'éleva une ceinture d'humbles villages, jadis peuplés de bûcherons et de laboureurs dont le principal souci était de protéger leurs biens des dévastations auxquelles se livraient loups et bêtes des bois. L'histoire a parfois effleuré les villages des pays de Bière, des vallées de la Seine et du Loing. Aujourd'hui, malgré le flot dominical des touristes et la création de commerces qu'il suscite, malgré l'implantation plus ou moins heureuse de « résidences secondaires » qui en ont modifié l'aspect extérieur, ils ont

su garder leur charme simple et rustique, auquel furent si sensibles les peintres paysagistes du XIXe siècle et les impressionnistes.

À travers les toiles des peintres de la célèbre « école de Barbizon », on peut aisément évoquer le pays de Bière, qui fut une de leurs terres d'élection. *Chailly-en-Bière* et son église servent de toile de fond à l'un des tableaux les plus populaires de France, *l'Angélus*, de Jean-François Millet. Le village prêta également son cadre au très discuté *Déjeuner sur l'herbe* de Claude Monet. À proximité des gorges d'Apremont et de la futaie du Bas-Bréau, peinte aussi par Monet, se trouve *Barbizon*, célèbre rendez-vous d'artistes au XIXe siècle. Corot, le premier, y planta son chevalet, bientôt suivi par Rousseau, Millet, Troyon, Diaz et Ziem. Le hameau — dont Jules et Edmond de Goncourt écrivirent, en 1865 : « Cet endroit est bien mort à tous les bruits d'une capitale. [...] Il jouit de cet apaisement que les grandes forêts font à leurs lisières, comme les grandes cathédrales répandent l'ombre sur les maisons et les alentours de leurs places » — était dès lors voué à une gloire quasi internationale. Fréquenté par des générations de peintres, d'écrivains et de personnalités diverses, Barbizon est resté un haut lieu de week-end des Parisiens.

C'est à l'ombre de Jean Cocteau que le petit bourg de *Milly-la-Forêt* semble vivre désormais. Le poète décora avec sobriété la chapelle Saint-Blaise-des-Simples, prenant pour thème les plantes médicinales utilisées par le saint guérisseur et dont la culture constitue encore une des activités de la région. Quant à la pittoresque cité de *Moret-sur-Loing*, avec ses vieilles maisons à pans de bois qui se mirent dans la rivière, elle reste hantée par le souvenir du peintre impressionniste Alfred Sisley, qui y vécut vingt années et y mourut dans la misère, après lui avoir consacré de nombreuses toiles.

Rambouillet, l'autre forêt aux châteaux

Si Fontainebleau est sur la route de la Méditerranée, Rambouillet est proche des routes d'Aquitaine et de Bretagne. Située à une cinquantaine de kilomètres de Paris, la ville, flanquée de son château et de son parc, s'est développée au cœur d'une forêt à laquelle elle doit d'être devenue lieu de villégiature et de grand tourisme.

Avec les bois privés qui la cernent, la forêt de Rambouillet couvre quelque 20 000 ha, mais la partie domaniale se limite à environ 13 000 ha. Ceux-ci ne représentent qu'une fraction de la vieille « forêt des Yvelines » qui, à l'époque romaine, s'étendait des boucles de la Seine jusqu'à Fontainebleau et Orléans à l'est, jusqu'au Perche à l'ouest. Cet ensemble forestier, étalé en arc de cercle, long de 25 km, est d'aspect très différent de celui de Fontainebleau. Il est moins vaste, mais reste varié dans ses paysages; moins sauvage, mais non

Aujourd'hui, l'auberge du Père Ganne est habitée par la nostalgie des musées. Les ateliers de Millet et de Rousseau, où sont réunies des œuvres de « l'école », les inscriptions que portent quelques maisons ayant abrité les peintres témoignent des grandes heures que connut le paisible village. ■

Une région verte : le Hurepoix

Entre les forêts de Rambouillet et de Fontainebleau, de la Seine à l'Orléanais, s'étend une région au charme plus discret, un pays riche, en grande partie voué à la culture, mais qui ne manque pas de variété dans ses paysages. Le plateau du Hurepoix est creusé de vallées (l'Orge, la Bièvre, l'Yvette), couvert

de prairies, parsemé de bouquets d'arbres. Le gigantisme parisien a, hélas, grignoté une portion de cette contrée, qui est devenue banlieue, souvent malencontreusement urbanisée. Toutefois, quelques sites ont pu être préservés et conservent encore leur caractère rural attachant.

C'est le cas pour la vallée de Chevreuse, si proche de Paris et qui, au nord-est de la forêt de Rambouillet, suit le cours moyen et supérieur de l'Yvette. Quant à la vallée de l'Orge, largement ouverte entre de petites collines, c'est une terre de grasses prairies et de cultures maraîchères. Juchée sur un coteau, la vieille tour de *Montlhéry* (XIe s.) domine la plaine alluviale alentour. Les bois ne manquent pas. Le sol fertile porte fleurs, fruits et légumes. Doux terroir, riant et nuancé, où Paul Fort, le « prince

des poètes », se plut à vivre.
Plus au sud, *Arpajon*, sise au confluent de l'Orge et de la Renarde. De son passé de ville fortifiée ne subsiste aucun vestige, mais du XVIIe siècle elle garde de pittoresques halles de bois à trois nefs. Puis, remontant la vallée de la Renarde, le petit village de *Saint-Sulpice-de-Favières*, très curieusement doté de « la plus belle église de village de France »; cet édifice gothique (XIIIe-XIVe s.), dédié à saint Sulpice qui fut archevêque de Bourges au VIIe siècle, possède un superbe chœur de style rayonnant et de non moins belles verrières du XIIIe siècle. À l'ouest de cette étonnante localité, dans un site boisé arrosé par l'Orge, la petite ville de *Dourdan* se dit orgueilleusement capitale du Hurepoix. Son château commande la vallée. Élevé en 1220 par Philippe

Auguste à l'emplacement d'un autre château appartenant aux premiers Capétiens, il nous est parvenu par-delà les siècles, avec ses huit tours, sa longue enceinte, son imposant donjon, parfait exemple de l'architecture militaire médiévale. Cette calme cité est riche de souvenirs, ne serait-ce que ceux qu'y laissa le poète Regnard; celui-ci y mena joyeuse vie avant d'y mourir des plaisirs de la table, en 1709.
Cette verdoyante région qu'est le Hurepoix vient doucement mourir aux confins de la Beauce. La Juine, le Juineteau, la Chalouette et la Louette apportent fraîcheur et poésie à des sites souvent méconnus, mais qui recèlent maints souvenirs du passé. De vieilles halles, de jolis châteaux, d'intéressantes églises médiévales sont venus s'enchâsser dans ce

→

→

La mare de Vilpert, l'un des nombreux étangs de la forêt de Rambouillet.

dénué de charme (près de trois millions d'amateurs de promenade en sous-bois le parcourent chaque année).
La forêt de Rambouillet ne forme pas un massif homogène. Le plateau argileux et marneux qu'elle recouvre est peu accidenté, doucement creusé par des ruisseaux; elle se répartit, en fait, en trois massifs principaux (Saint-Léger, Rambouillet et les Yvelines) que séparent de nombreuses et vastes clairières, les *essarts* (un village des environs porte d'ailleurs ce nom, les Essarts-le-Roi), où l'homme s'est installé, défrichant au profit des céréales, vergers et jardins. Ici, pas de chaos, peu de rochers (sauf vers Angennes), mais en revanche des marais et des nappes d'eau de toutes tailles. La végétation n'y est pas pour autant monotone. La flore est riche; les plantes qui se plaisent dans les lieux humides ont trouvé là un terrain d'élection : muguet, jacinthe, orchis, anémone. Les champignons y poussent en abondance. Le chêne et le charme y sont drus — c'est leur royaume. Mais on trouve aussi des bouleaux sur les plateaux, des pins sylvestres sur

les parties sèches où se plaît également la bruyère, enfin des hêtres sur les versants exposés au nord. Actuellement, d'importants reboisements en résineux sont entrepris dans la zone septentrionale de la forêt. À la diversité du relief, comme à celle du manteau végétal, répondent des sites aux attraits constamment renouvelés : cascades de Cernay, points de vue de la Butte-à-l'Âne et du Belvédère, dolmen de la Pierre-Ardoue, roche du Curé.
Parmi les nombreux plans d'eau dont peut, à juste titre, s'enorgueillir Rambouillet, les étangs de Hollande sont les plus célèbres. Cette appellation est une déformation d'Orlande, nom d'un manoir féodal sis à cet emplacement. Il s'agit, en fait, d'une seule nappe d'eau étirée sur quelque 6 km, coupée de digues transversales et aménagée par les ingénieurs hydrauliciens de Louis XIV pour amener aux bassins de Versailles le trop-plein d'un déversoir allant à l'Yvette par le ru des Vaux-de-Cernay. C'est là le domaine des roseaux et des joncs, des canards sauvages et des poules d'eau, des grenouilles et des couleuvres : un paysage quelque peu mélancolique, empreint d'un charme profond. Sur une rive, Louis XV s'était fait construire, en 1755, le rendez-vous de chasse de Saint-Hubert, malheureusement détruit pendant la Révolution. Le village de Saint-Hubert, créé pour abriter domestiques et petits officiers de la Cour, borde l'étang du même nom. Les étangs du Coupe-Gorge, du Gruyer et du Moulinet, au nord de Rambouillet, l'étang d'Or sis au sud-est dans un cadre assez sauvage qu'affectionnent muguet et champignons, l'étang de la Tour, ceux du Roi et d'Angennes qui s'étalent autour de Poigny, et bien d'autres, ne bénéficient pas tous d'un passé aussi noble. Ils ont cependant infiniment de charme.
De nombreuses routes sillonnent la forêt, plus pittoresques les unes que les autres, qui mènent aux charmantes localités établies à son orée : *Poigny,* niché dans un coin paisible où voisinent bois et étangs, petit village aimé des peintres; *Grosrouvre,* lui aussi apprécié des artistes; *Clairefontaine,* plus résidentiel (le caricaturiste Caran d'Ache y est enterré); *Les Mesnuls,* dont le château abrite aujourd'hui un centre de réadaptation pour jeunes infirmes; *La Celle-les-Bordes,* avec son joli manoir édifié sous Henri IV, à présent propriété du duc de Brissac; *Gambaiseuil* et sa chapelle Renaissance; *Gambais* enfin, qui prêta son cadre aux méfaits sanguinaires d'un certain Landru.
La forêt est encore peuplée de gros gibier (cerfs, chevreuils, sangliers), et les chasses à courre, dont le fameux « rallye Bonnelles », maintiennent les traditions de grande vénerie. Spectacle pour le simple particulier qui peut les suivre en voiture ou à cheval, elles se déroulent de fin octobre à début janvier. Depuis Félix Faure (1895), les futaies et les halliers de Rambouillet ont connu des chasses présidentielles brillantes, restées célèbres dans les annales du monde diplomatique et politique.

cadre où s'est établie *Étampes,* la « favorite des rois ». Elle s'étire tout en longueur au bord de la Juine. C'est une ville claire, commerçante, prospère, riche en églises des XIIe et XIIIe siècles, ainsi qu'en hôtels Renaissance. Jadis fief des Capétiens, érigée en baronnie par Saint Louis, en comté par Charles IV le Bel, puis en duché par François Ier qui en fit don à sa favorite Anne de Pisseleu (« la plus savante des belles et la plus belle des savantes »), la charmante cité appartint ensuite à d'autres jolies femmes, Diane de Poitiers et Gabrielle d'Estrées. Glorieuse destinée qui ne l'empêcha pas, toutefois, de subir les effets dévastateurs des guerres de Religion ou de la Fronde, et d'être alors « la plus malheureuse ville du royaume ». ■

Un chef-d'œuvre malchanceux du Grand Siècle

À seulement une dizaine de kilomètres de la lisière nord de la forêt de Fontainebleau, le fastueux château de *Vaux-le-Vicomte* atteste le fulgurant destin du surintendant des Finances Nicolas Fouquet. *Quo non ascendet?,* « Jusqu'où ne montera-t-il pas? », telle était la devise de son emblème. Effectivement, il connut gloire et fortune, au point de rivaliser avec le roi. On a dit de sa riche demeure qu'elle était une « esquisse géniale de Versailles ». C'est à la fois beaucoup d'honneur… et pas assez, pour l'un des plus importants monuments du début du style Louis XIV, admirablement restauré en son état primitif.

La conception architecturale en revient à Louis Le Vau : un édifice imposant, mais point démesuré, en grès de Fontainebleau et pierre de Creil, cerné de douves et précédé par de superbes communs en brique et pierre. Dans le classicisme des lignes affleure l'influence de l'Italie, surtout dans l'avant-corps ovale de la façade sud, surmonté d'un vaste dôme coiffé d'un lanternon, ainsi que dans les nombreux ressauts et décrochements, les pilastres corinthiens et les vases du toit. Au contraire, les quatre pavillons d'angle comportent de hautes toitures à la française. Chaque détail de la décoration intérieure, confiée à Charles Le Brun, révèle la richesse du surintendant : les peintures qui ornent les plafonds, notamment celui du salon des Muses, le Grand Salon sis sous le dôme (long de 18 m, haut de 18 m) et qui resta inachevé. Mais,

plus somptueux encore, l'immense ensemble de terrasses et de parterres dessiné par Le Nôtre, « le plus beau des jardins à la française après Versailles » (P. Lavedan). Sur plusieurs niveaux, du château à la vallée de l'Anqueuil, s'ordonnent, selon un équilibre harmonieux et grandiose, pelouses bordées de buis, parterres de broderie, charmilles, bosquets d'arbres, balustrades, pièces d'eau et cascades.

Dix-huit mille ouvriers, dit-on, travaillèrent sans relâche entre 1657 et 1661 à la réalisation de ce chef-d'œuvre qui coûta dix-huit millions de francs de l'époque et arracha de cris d'admiration à Mme de Sévigné. Pour son inauguration, le 17 août 1661, Fouquet convia Louis XIV et la Cour à une fête éblouissante, suivie d'un souper organisé par Vatel et servi dans de

Le château de Rambouillet, son parterre à la française
▼ *et son jardin d'eau.*

Tout comme celle de Fontainebleau, la forêt de Rambouillet est aménagée avec soin (rivières à pêche, parc animalier, camping et zones de silence), afin de la préserver de ce qu'il y a de néfaste dans le tourisme, aussi bien qu'à favoriser l'essor de ce dernier.

Une résidence secondaire royale

S'il est d'un grand intérêt historique, le château de Rambouillet manque de séduction réelle. Il est plutôt dissymétrique, et ses façades ont peu d'envergure : celle du devant, datant du XVIIIe siècle, surprend par la tour à créneaux du XIVe qui vient s'y encastrer; celle qui s'ouvre sur les jardins n'est guère plus heureuse avec ses deux tourelles en poivrières quelque peu étriquées. De plus, Napoléon Ier, en démolissant l'aile gauche, donna au bâtiment une curieuse configuration en équerre.

Ce fut longtemps le fief de la famille d'Angennes, qui, vers la fin du XIVe siècle, se rendit propriétaire du château fort élevé quelques années auparavant par Jean Bernier. François Ier, de passage chez le capitaine de ses gardes du corps, Jacques d'Angennes, y tomba gravement malade et y mourut en mars 1547. Un siècle plus tard, on y menait joyeux train : la belle « Arthénice », Catherine de Vivonne devenue marquise de Rambouillet par son mariage avec Charles d'Angennes, venait l'été au château, accompagnée de sa petite cour; elle y donnait fêtes et divertissements. Le duc de Montausier, gendre de la marquise, fit creuser le grand canal, mais le véritable créateur du

parc fut le financier Fleuriau d'Armenonville, qui racheta le domaine en 1700 pour le revendre quelques années plus tard au comte de Toulouse, fils de Louis XIV et de Mme de Montespan. De cette époque datent de magnifiques boiseries, avec lesquelles celles de Versailles seules peuvent rivaliser. Vers 1778-1780, le duc de Penthièvre, fils du comte de Toulouse, fit construire pour sa belle-fille, la princesse de Lamballe, la « chaumière des Coquillages » (dont la décoration intérieure allie les coquillages au marbre et à la nacre) ainsi que l'ermitage, deux charmants édifices situés dans le jardin anglais qu'il fit dessiner. L'ordonnance des pelouses et des massifs s'y plie aux caprices d'une petite rivière qui se ramifie en plusieurs bras. C'est dans ce cadre champêtre que Florian, protégé du duc, put à loisir demeurer quinze années durant et écrire ses *Fables.*

Louis XVI se rendit acquéreur du château en 1783 et, fort intéressé par l'agriculture, fit élever en 1786 une ferme expérimentale et une jolie laiterie où la reine, retrouvant ses occupations favorites du Trianon, pouvait oublier « cette crapaudière » (elle baptisait ainsi le château). Plus encore, il fit venir d'Espagne des moutons mérinos dont les descendants, de renommée mondiale, sont élevés et sélectionnés dans la Bergerie nationale. À Rambouillet, l'Empereur signa le décret annexant la Hollande (1810); Marie-Louise, accompagnée du roi de Rome, y rencontra son père, François II d'Autriche, qui la décida à quitter définitivement la France; Charles X y abdiqua avant de gagner l'Angleterre. Laissé à l'abandon, le château connut alors une surprenante destinée : il fut transformé en restaurant… Les jardins se garnirent de boutiques foraines, les canaux, de barques. Il

▲ *Équilibre parfait de la pierre,
de l'eau et de la verdure :
le château de Vaux-le-Vicomte.*

vaisselle d'or; Molière y vint jouer « les Fâcheux », et La Fontaine y célébra les nymphes de Vaux. « C'était une terre, dit Fouquet, que je considérais comme mon établissement principal [...] et où je voulais laisser quelques marques de l'état où j'avais été. » Marques par trop ostentatoires. À l'instigation de Colbert, le surintendant tomba en disgrâce. Arraché à son château moins de vingt jours après ces festivités d'inauguration, il devait achever sa vie dans la forteresse de Pignerol, tandis qu'une partie du mobilier, des statues, des vases, des arbustes était transférée à Versailles.
« Remplissez l'air de cris en vos
[*grottes profondes*
Pleurez, nymphes de Vaux, faites
[*croître votre onde,*
Et que l'Anqueuil enflé ravage les
[*trésors*

Dont les regards de Flore ont embelli
[*les bords... »*
put écrire La Fontaine, fidèle à son ami.

Dès lors, le château connut des propriétaires et des fortunes divers; il devint fief du maréchal de Villars, puis du duc de Choiseul-Praslin. Mais c'est en 1875 que Vaux, acquis par Alfred Sommier, fut restauré et remeublé au prix de beaucoup d'efforts; il fallut un demi-siècle pour reconstituer les jardins. Et, aujourd'hui, Vaux-le-Vicomte peut témoigner du génie artistique du Grand Siècle. ■

*Palais d'une reine sans couronne,
le château d'Anet.
(Portail d'entrée.)*

il fallut attendre Napoléon III pour que Rambouillet retrouvât sa dignité. Aujourd'hui, le château est l'une des résidences officielles des présidents de la République, qui y reçoivent des hôtes de marque.

Une parure de châteaux

Tout autour de la forêt de Rambouillet, dans cette région avenante et giboyeuse des Yvelines, des châteaux se sont élevés. Certains, comme celui d'*Épernon*, ancienne place forte érigée en duché en faveur d'un mignon de Henri III, furent rasés; mais d'autres, enchâssés dans de charmants villages, sont d'agréables buts de promenade. Le plus proche de Paris, au nord de la forêt, est celui de *Montfort-l'Amaury*. Dominant les vieilles maisons de la pittoresque bourgade, se dressent les ruines d'un château féodal. Il en reste une jolie tour d'escalier octogonale, de brique rose et de pierre grise, avec porte en ogive, datant d'Anne de Bretagne qui fut maîtresse du lieu (XVᵉ s.), et deux pans de donjon du XIᵉ, envahis par le lierre. Victor Hugo a composé ici *la Fiancée du timbalier*, des Ballades et des Odes, dont celle qui est intitulée *Aux ruines de Montfort-l'Amaury*. Après lui, le poète José Maria de Heredia s'inspira du site dans son poème *les Jardins*. Le compositeur Maurice Ravel y habita, et sa maison, transformée en musée, est pieusement gardée par Céleste Albaret, gouvernante de Marcel Proust.

Les châteaux qui cernent Rambouillet mériteraient une plus ample flânerie. Nous nous contenterons de citer ceux d'*Auneau*, d'*Escli-*

*Une élégance de bon ton :
le château de Dampierre,
▼ dans la vallée de Chevreuse.*

mont, de *Gallardon*, de *Maintenon*, de *la Couharde*, à la lisière de la forêt, de *Neuville*, près de Gambais, ainsi que celui de *Herces*, bâti sur les plans de Jacques Denis Antoine dont l'œuvre maîtresse fut l'hôtel des Monnaies, à Paris.

Enfin, comment ne pas faire halte à proximité de Dreux dans la petite cité d'*Anet* dont le château, bien que mutilé, est une pure merveille. Philibert Delorme le reconstruisit (il existait déjà au Xᵉ s.) pour Diane de Poitiers, faite duchesse de Valentinois par Henri II. L'architecte fut guidé par les trois ordres antiques et l'art italien, mais conserva les gracieux toits à la française. À la mort du roi, la favorite dut se retirer dans cette demeure de pierre et de brique, magnifiquement décorée de statues de Benvenuto Cellini (l'original de sa *Nymphe* est au Louvre) et de Jean Goujon (fontaine de Diane). La chapelle est coiffée d'une coupole à caissons dont les motifs sont curieusement reproduits par le très beau pavement; les bas-reliefs sont de l'école de Jean Goujon, et dans la chapelle funéraire se trouve

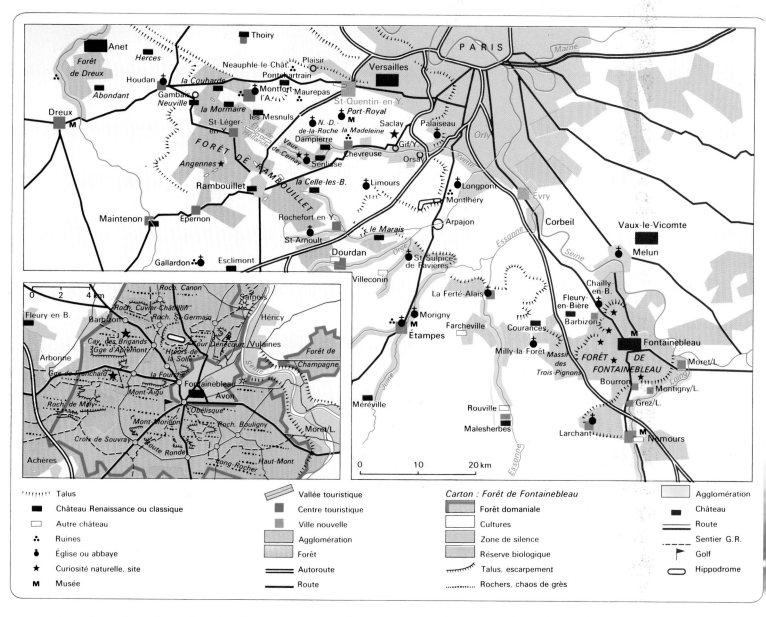

''''''''''''''''' Talus	
■ Château Renaissance ou classique	▨ Vallée touristique
▢ Autre château	■ Centre touristique
⁖ Ruines	▨ Ville nouvelle
⚰ Église ou abbaye	▨ Agglomération
★ Curiosité naturelle, site	▨ Forêt
M Musée	═ Autoroute
	═ Route

Carton : Forêt de Fontainebleau

▨ Forêt domaniale	▨ Agglomération
▢ Cultures	■ Château
▨ Zone de silence	═ Route
▨ Réserve biologique	┄ Sentier G.R.
''''' Talus, escarpement	⊢ Golf
┄ Rochers, chaos de grès	⊖ Hippodrome

un sarcophage de marbre noir sur lequel veille une statue de marbre blanc : Diane agenouillée. Le tombeau fut profané à la Révolution et les restes de la favorite jetés à la fosse commune (ils ont, depuis, été placés dans une tombe, contre le mur de l'église). Le château a aussi perdu certaines parties, mais l'avant-corps de sa façade principale peut être admiré... dans la cour de l'École des beaux-arts, à Paris.

« Le pays des chèvres » : la vallée de Chevreuse

Curieuse appellation pour désigner la vallée moyenne et supérieure de l'Yvette, l'un des sites du sud de l'Ile-de-France qui présente le plus d'attrait par l'heureuse alliance des charmes de la nature et des vestiges du passé. D'ouest en est, la vallée de Chevreuse déroule un paysage verdoyant de prairies où sinuent de modestes ruisseaux.

Le bourg de *Chevreuse* a gardé de vieilles maisons, dont l'ancien « Cabaret du Lys » fréquenté par Racine; les ruines du château de la Madeleine, démantelé par Richelieu qui voulait se venger de la duchesse de Chevreuse, héroïne de la Fronde, le couronnent.

Non loin, entre Chevreuse et Trappes, devenue importante ville de la banlieue parisienne et vaste centre de triage, il semble miraculeux de trouver cette oasis de paix et de verdure qu'est *Port-Royal des Champs*. Depuis 1939, un sentier (chemin Jean-Racine), jalonné de plaques portant des vers du poète et long de quelque 5 km, y conduit depuis Chevreuse. Ce beau vallon, qui, à la faveur de controverses théologiques, devint au XVIIe siècle l'un des hauts lieux de la pensée janséniste, semble figé dans un passé qui, malheureusement, ne nous

a transmis que des ruines : des fondations de l'abbaye rasée en 1710, un mur d'enceinte, une vieille tour, un colombier, une fontaine sous un saule, le noyer qui abritait les « solitaires », le bâtiment des « Petites Écoles » où est installé le Musée national des Granges de Port-Royal, et, souvenirs ô combien émouvants, des pierres tombales conservées près d'une chapelle-musée à Magny-les-Hameaux, à 3 km de là.

Au sud de ces ruines mélancoliques, le château de *Dampierre* présente d'autres motifs d'intérêt. Sise dans un riant vallon, enchâssée dans la forêt, la propriété des ducs de Luynes reste l'une des plus parfaites illustrations de l'art et du goût français : « une grandeur simple et de bon aloi » (E. de Ganay). Au milieu de jardins dessinés par Le Nôtre, Jules Hardouin-Mansart construisit un édifice de brique et de pierre qui allie la sobriété du style Louis XIII à la grandeur du style Louis XIV. Détail rare, il est entouré de douves d'eau courante.

C'est plus au sud encore que la vallée de Chevreuse recèle l'un de ses sites les plus pittoresques, mais aussi l'un des plus fameux des environs de Paris : les *Vaux-de-Cernay*. Un ruisselet, affluent de l'Yvette, a creusé ce vallon. Il coule, en cascatelles appelées « bouillons », au fond d'une étroite gorge dont les pentes sont parées de beaux arbres et de gros blocs de grès. Une retenue au moulin des Rochers forme l'étang de Cernay, créé par les moines de l'ancienne abbaye. Celle-ci, fondée en 1148 et rattachée à Clairvaux (donc d'obédience cistercienne), fut ravagée à la Révolution. Il ne subsiste aujourd'hui que les ruines imposantes de l'église et des bâtiments conventuels.